MARCO ❂ POLO

KROATISCHE KÜSTE

ISTRIEN KVARNER

MARCO POLO KOAUTORIN
Veronika Wengert
Kroatien hat die freie Journalistin und Übersetzerin schon als Kind begeistert, denn im Sommer ging es zur kroatischen Verwandtschaft. Später interviewte sie in Zagreb sieben Jahre lang Politiker und Marktfrauen oder probierte den frischen Fang istrischer Fischer. Ausprobieren, das tut sie bis heute leidenschaftlich für ihre Reiseführer und ihren Blog: www.kroatien-expertin.de.

DIE TOUREN-APP

zu den Erlebnistouren zeigt, wo's langgeht:
inklusive Tourenverlauf und Offline-Karte

EVENTS & NEWS

Schnell die wichtigsten Infos auf dem Smartphone:
Events, News, neue Insider-Tipps und ggf. aktualisierte
Erlebnistouren als PDF zum Downloaden

HOLEN SIE MEHR AUS IHREM MARCO POLO RAUS!

SO EINFACH GEHT'S!

1 go.marcopolo.de/kki

2 downloaden und entdecken

GO!

OFFLINE!

6	**INSIDER-TIPPS**
	Von allen Insider-Tipps finden Sie hier die 15 besten

8	**BEST OF ...**
	🟢 Tolle Orte zum Nulltarif
	🔵 Typisch Istrien & Kvarner
	🟠 Schön, auch wenn es regnet
	🟣 Entspannt zurücklehnen

32	**SLOWENISCH-ISTRIEN**
	32 Izola 37 Piran 39 Portorož

12	**AUFTAKT**
	Entdecken Sie Istrien und Kvarner!

42	**KROATISCH-ISTRIEN**
	42 Buzet 45 Motovun 47 Novigrad 50 Pazin 52 Poreč 55 Pula 60 Rabac & Labin 62 Rovinj

18	**IM TREND**
	In Istrien und an der Kvarner-Bucht gibt es viel Neues zu entdecken

66	**KÜSTE KVARNER-BUCHT**
	66 Crikvenica 70 Lovran 73 Opatija 76 Rijeka

20	**FAKTEN, MENSCHEN & NEWS**
	Hintergrundinformationen zu Istrien und Kvarner-Bucht

26	**ESSEN & TRINKEN**
	Das Wichtigste zu allen kulinarischen Themen

30	**EINKAUFEN**
	Shoppingspaß und Bummelfreuden

80	**INSELN KVARNER-BUCHT**
	80 Cres 84 Krk 90 Lošinj 93 Pag 97 Rab

SYMBOLE

INSIDER TIPP ▶ Insider-Tipp
★ Highlight
🟢🔵🟠🟣 Best of ...
☼ Schöne Aussicht
🌱 Grün & fair: für ökologische oder faire Aspekte
(*) kostenpflichtige Telefonnummer

PREISKATEGORIEN HOTELS

€€€ über 120 Euro
€€ 70–120 Euro
€ bis 70 Euro

Die Preise gelten für ein Doppelzimmer mit Frühstück im Juli und August (Vor- und Nachsaison sind erheblich günstiger)

PREISKATEGORIEN RESTAURANTS

€€€ über 40 Euro
€€ 25–40 Euro
€ bis 25 Euro

Die Preise gelten für Vorspeise, Hauptgericht und Nachtisch – einschließlich Bier oder Wein

INHALT

100 ERLEBNISTOUREN
100 Istrien und Kvarner-Bucht perfekt im Überblick 105 Mit dem Fahrrad entlang der Schmalspurbahn 108 Der alten Schrift auf der Spur 112 Triest: Kaffeehäuser und Karstküche

116 SPORT & WELLNESS
Aktivitäten und Verwöhnprogramme zu jeder Jahreszeit

120 MIT KINDERN UNTERWEGS
Die besten Ideen für Kinder

124 EVENTS, FESTE & MEHR
Alle Termine auf einen Blick

126 LINKS, BLOGS, APPS & CO.
Zur Vorbereitung und vor Ort

128 PRAKTISCHE HINWEISE
Von A bis Z

134 SPRACHFÜHRER

138 REISEATLAS

150 REGISTER & IMPRESSUM

152 BLOSS NICHT!

GUT ZU WISSEN
Geschichtstabelle → S. 14
Spezialitäten → S. 28
Lesehunger & Augenfutter → S. 40
Hol's der Geier! → S. 96
Feiertage → S. 125
Was kostet wie viel? → S. 130
Währungsrechner → S. 131
Wetter → S. 133

KARTEN IM BAND
(140 A1) Seitenzahlen und Koordinaten verweisen auf den Reiseatlas
(0) Ort/Adresse liegt außerhalb des Kartenausschnitts Es sind auch die Objekte mit Koordinaten versehen, die nicht im Reiseatlas stehen

(⌘ A–B 2–3) verweist auf die herausnehmbare Faltkarte

(⌘ M–P 10–14) verweist auf die Nebenkarte von Pag auf der Faltkarte

UMSCHLAG VORN:
Die wichtigsten Highlights

UMSCHLAG HINTEN:
Karten zu Pula-Altstadt, Poreč, Rijeka-Innenstadt und Rovinj

Die besten MARCO POLO Insider-Tipps

Von allen Insider-Tipps finden Sie hier die 15 besten

INSIDER TIPP Ökotauchen

Wer tauchen will, erreicht seine Gründe meist nur per Motorboot. Das stinkt, verbraucht Treibstoff und macht Lärm. Bei *Diving Beli* auf Cres geht es naturschonender zu, denn das Hausriff ist gleich vom Strand aus zu erreichen – ohne Lärm und Gestank → S. 118

INSIDER TIPP An der Küste ist auch daheim

Kuschelig gemütlich wohnen Sie mit klassischem Retro-Charme im *Hotel Marko*, der Strand von Portorož ist sooo nah … → S. 41

INSIDER TIPP Klar, klarer, am klarsten

Am schönen Kiesstrand *Potovošće* im Süden von Vrbnik ist das Wasser von einer atemberaubenden Klarheit → S. 90

INSIDER TIPP Fisch im Hafen

Dem Restaurant *Marina* ist nicht bange vor der Gourmetkonkurrenz in Novigrad – so kreativ kommt istrische Küche selten daher → S. 48

INSIDER TIPP Adrenalinlastige Abenteuer

Nichts für Angsthasen: Mit der *Zip Line Pazinska jama* sausen Schwindelfreie und Furchtlose über die geheimnisvolle Schlucht von Pazin hinweg → S. 51

INSIDER TIPP Brijuni per Rad

Auf eigene Faust und mit eigener Wadlkraft können Sie *Veli Brijun* ganz genussvoll entdecken. Vergessen Sie Ihre Badesachen und den Picknickkorb nicht – die Buchten sind ein Traum! → S. 59

INSIDER TIPP Auf dem Wasser die Stadt umrunden

Kayak-Sightseeing: Bei einer *Paddeltour* in Rabs Geschichte steht der kulturelle Reiz dem sportlichen nicht nach → S. 99

INSIDER TIPP Schräge Kunst

Früher eine Kirche, heute ein Trend-Spot für Ausstellungen: In Pulas *Galerie Heilige Herzen* treffen sich Kunstfans → S. 57

INSIDER TIPP **Genähte Kunstwerke**

In einer der Altstadtgassen von Rovinj (Foto u.) entwirft und näht Marija Šmit in ihrem *Studijo Marija* die bezauberndsten und fantasievollsten Taschen an der östlichen Adria, von ganz klein bis riesengroß → S. 64

INSIDER TIPP **Das tiefe Blau**

Gibt es etwas Schöneres als ein Essen auf der Terrasse der Konoba *Tu Tamo* in Mošćenice? Ihr Blick schweift über Macchia ans Meer und hinüber auf die Insel Cres, Ihr Gaumen gerät ob all der frischen Genüsse ins glückselige Schwärmen → S. 72

INSIDER TIPP **Endlos romantisch am Meer**

Molo Longo – ein wahrer Wellenbrecher als Herzensbrecher: An Rijekas endlos langer Mole treffen sich Verliebte. Aber auch wer gerade keine Schmetterlinge im Bauch hat, darf gemütlich darauf herumschlendern → S. 77

INSIDER TIPP **In die weite Ferne sehen**

Von Pirans *St.-Georgs-Kirche* ist der Ausblick fantastisch: Bei klarem Wetter sehen Sie bis zu den Julischen Alpen (Foto li.) → S. 38

INSIDER TIPP **Mit dem Fahrrad unter Wasser**

Helm auf und ab auf den Meeresgrund: Im *Unterwasserpark Verudela* tauchen Sie ab, auf dem Fahrrad! Und genießen die atemberaubende Meereswelt → S. 60

INSIDER TIPP **In der europäischen Partyliga**

Seinen europaweiten guten Ruf verteidigt der *Club Boa* in Malinska konsequent und engagiert – nur die angesagtesten DJs legen hier auf → S. 88

INSIDER TIPP **Erste Adresse für Scampi**

Im Familienbetrieb *MaMaLu* in der Bucht von Valun bringen die Herren des Hauses die frischen Kvarner-Scampi direkt von ihrem Boot auf den Tisch → S. 84

BEST OF ...

TOLLE ORTE ZUM NULLTARIF
Neues entdecken und den Geldbeutel schonen

SPAREN

● *Am Baluota-Strand*
Am Strand unterhalb der Rovinjer Kirche St. Euphemia gibt es weder schicke Beach-Cafés noch Sand. Große Felsblöcke dienen als Liegen, für den Schatten sorgt jeder selbst, und der Weg ins Meer ist etwas beschwerlich. Dafür sind Sie hier unter Einheimischen, und es kostet im Gegensatz zu vielen anderen Strandbädern keine Kuna → **S. 64**

● *Wandern und Radfahren auf Kamenjak*
Wer mit dem Auto ins Naturschutzgebiet auf der *Halbinsel Kamenjak* fährt, zahlt Eintritt. Mit dem Rad oder Wanderstiefeln öffnen sich Ihnen dagegen ein kostenloses, weit verzweigtes Netz von Pfaden, schöne Buchten und der Weg zur kultigen *Safari Bar* → **S. 59**

● *In die Geisterstadt*
Darüber, warum *Dvigrad,* die Stadt der zwei Burgen, im 17./18. Jh. verlassen wurde, wird viel spekuliert. War es die Pest? Die Malaria? Oder ständige Attacken feindlicher Völker? Wer die romantischen Ruinen durchstreift, muss bislang keinen Eintritt entrichten → **S. 65**

● *Gratis-Spa*
Haben Sie Hautprobleme? Oder möchten Sie Ihre Haut einfach nur verwöhnen? In der *Bucht von Soline* auf Krk erwartet Sie ein Gratis-Spa mit Fangopackungen direkt aus der Natur. Einfach einreiben und trocknen lassen! → **S. 86**

● *Über Leitern ins Meer*
Mal schnell ins Wasser gleiten und das kühle Nass genießen, ohne gleich den obligatorischen Eintritt fürs Strandbad bezahlen zu müssen? An der Uferpromenade von *Piran* auf der Punta kommen Sie bequem und kostenlos über Leitern zu Ihrer Abkühlung (Foto) → **S. 39**

● *Insel der Aromen und der Düfte*
Lošinj ist die Insel der guten Gerüche. Welche Vielfalt an Pflanzen für den besonderen Duft verantwortlich ist, erfahren Sie ganz kostenlos im *Kräutergarten in Mali Lošinj* → **S. 91**

●●●●● Diese Punkte zeichnen in den folgenden Kapiteln die Best-of-Hinweise aus

TYPISCH ISTRIEN & KVARNER
Das erleben Sie nur hier

● *Und ewig tropft der Stein*
Ein unterirdischer Wildfluss, Tropfsteinskulpturen, der Lufthauch von Fledermausflügeln: Entdecken Sie zu Fuß das *Höhlensystem von Škocjan* (Foto): Abenteuer pur! → S. 37

● *Besuch bei Oriella und Moreno*
In der *Gostilna Na Burji* zelebrieren Moreno und Oriella wahrhaft istrische Traditionsküche. Der Fisch kommt direkt von den Fischern, das Lamm vom Nachbarn, der Wein vom befreundeten Winzer – alles zusammen ergibt den typischen Genuss! → S. 28, 38

● *Blick auf Rovinj*
Es gibt wohl kaum eine Perspektive, aus der *Rovinj* nicht bezaubernd aussieht – diese eine aber, gegenüber vom Lungomare, ist die charakteristischste: die hintereinander gestaffelten Häuser, die Segelschiffe davor und dahinter die Kirche Sv. Eufemija → S. 63

● *Seefahrerstolz*
Die Kapitäne von *Veli Lošinj* segelten bis nach Amerika. Dass die Stadt eine große Seefahrertradition besitzt, sehen Sie an den repräsentativen Villen und der reichen Kirchenausstattung → S. 92

● *Villen unter Pinien*
Ende des 19. Jhs. begann der europäische Adel, die Küste am Kvarner-Golf und auf den Inseln mit Sommersitzen zu bestücken. Die *Villen* mit ihren neomaurischen Spitzbögen und Mosaiken haben ihre Besitzer überlebt, verleihen Lovran und der Čikat-Bucht auf Lošinj heute ein wunderbares Flair → S. 70, 91

● *Blick vom Mondplateau*
Mondlandschaft so weit das Auge reicht? Stimmt nicht, Krk wirkt nur zum Festland hin so unirdisch. Vom 380 m hohen *Mondplateau* aber sehen Sie auf die grünen Oasen hinter den kahlen Rücken → S. 85

● *Auf Trüffeljagd*
Früh morgens geht es mit den Hunden durchs Unterholz, auf der Suche nach schwarzen oder weißen Trüffeln. Erleben Sie mit Familie Karlić in Buzet, wie die Edelknolle aufgespürt wird → S. 44

BEST OF ...

SCHÖN, AUCH WENN ES REGNET
Aktivitäten, die Laune machen

● *Ein bisschen Bits & Bites*
Im coolen Computermuseum *Peek & Poke* in Rijeka lassen Sie mal schön Tablet und Smartphone in der Tasche. Denn hier spielen Joysticks, Floppy Disks und Retro-Rechner die Hauptrolle → S. 77

● *Wie die Alten fischten*
Das Rovinjer *Batana-Museum* ist ein ungewöhnliches Ausstellungsprojekt: Es dokumentiert den traditionellen Bootsbau, den Fischfang und den Alltag der Fischer und hält diese Traditionen durch Aktionen und Feste zugleich lebendig → S. 63

● *Unterwasserwelt*
Flora und Fauna des Mittelmeers, aber auch exotische Tiere hautnah erleben – das können Sie im *Aquarium Pula*, das zudem im spektakulären Fort Verudela residiert → S. 121

REGEN

● *Steter Tropfen*
Die Tropfsteinhöhle *Špilja Biserujka* nahe Soline auf Krk schützt nicht nur vor Regen, sie macht Ihnen auch das Leben bei Hitze leichter. Schließlich liegen die Temperaturen in der verzaubernd-schönen Unterwelt konstant bei 14 °C → S. 88

● *Kastell mit Innenleben*
Im Roman „Mathias Sandorf" lässt Jules Verne seinen Helden im *Kastell von Pazin* einkerkern. Kein Wunder, die Burg hat viel Flair, und das Volkskundemuseum in ihren Mauern erzählt spannend von istrischer Geschichte – und der geheimnisvollen Höhle unter der Burg → S. 51

● *Fisch im Überfluss*
Sardinen, Kraken und Scampi füllen täglich die *Jugendstilhalle auf Rijekas Markt* (Foto). Draußen stehen Gemüse- und Obststände so dicht, dass Sie auch bei Regen trockenen Fußes hindurchbummeln. Bei all den Farben schwirrt der Blick → S. 77

ENTSPANNT ZURÜCKLEHNEN
Durchatmen, genießen und verwöhnen lassen

● *Musik im Kloster*
Musikabende in Piran: Nach einem heißen Tag am Strand umfängt die Besucher im *Renaissancekreuzgang des Minoritenklosters* marmorne Kühle. Die Luft vibriert vom Klang einer barocken Sonate, die ein Streichquartett zelebriert. Wenn das nicht meditativ ist! → S. 39

● *Drinks vor Traumkulisse*
Es wird zwar mittlerweile vielfach kopiert, aber das Original bleibt einsame Spitze: *Valentino* in Rovinj, die Bar mit Kissen, Kerzen und Fackeln auf den Uferfelsen, mit dezenter Lounge-Musik und kühlen Drinks – jeden Abend ein Erlebnis für alle Sinne (Foto) → S. 65

● *Schatten und aromatischer Duft*
Die dichten Kronen von Aleppo- und Schwarzkiefern, Zypressen, Lorbeer und Zedern in Rabs prächtigem *Park Komrčar* bilden ein vor Lärm und Hitze schützendes Dach – der ideale Ort für interessante Lektüre, Tai-Chi oder Meditation → S. 98

● *Landidyll mit Blick aufs Meer*
Einen besseren Standort hätten die Eigentümer des *Hotels Boškinac* auf Pag nicht finden können. Auf einem Hügel thront es über Weinreben, Feldern und Olivenhainen, in der Ferne gerahmt vom Meer. Das Panorama ist so friedlich! Atmen Sie tief ein und lassen Sie es wirken. Dazu ein Glas Wein, und das Glück ist perfekt! → S. 94

● *Kamelien und Rosmarin*
Das Wellnesscenter des *Hotels Miramar* in Opatija erinnert sich der alten Heilkräfte des Kvarner: ätherische Öle von Kamelien, Rosmarin oder Bergamotte entspannen, Salz und Olivenöl reinigen und pflegen die Haut → S. 75

● *Wohltat Salz*
Im *Lepa Vida Thalasso Spa* erleben Sie die wohltuende Wirkung des Salzes mit allen Sinnen – beim Entspannen im Salzschlamm, beim Schwimmen im Meerwasserpool, bei der Massage unter freiem Himmel mit Blick über die Salinen → S. 40

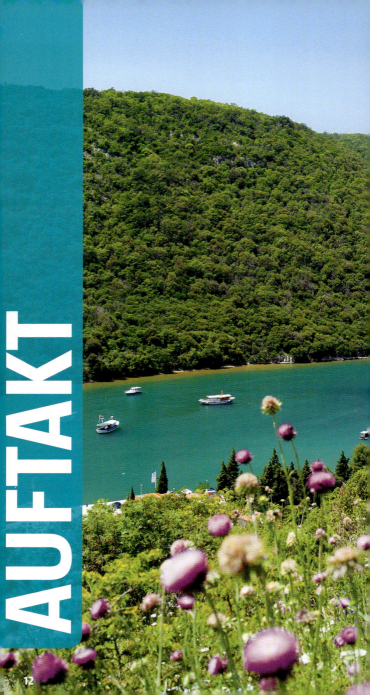

ENTDECKEN SIE ISTRIEN UND KVARNER!

Alles Meer, oder was? Gar nicht! Wer sich heute in Istrien oder der Kvarner-Bucht in einer der *vielen Buchten* räkelt, kann morgen im Hinterland schon ganz schön ins Schwitzen kommen. Und zwar richtig, denn da ist es ziemlich hügelig: Bergauf durch Wälder, bergab durch Olivenhaine, an steilen Felshängen klebend, von *Baumwipfel zu Baumwipfel* balancierend und durch grüne Nationalparks wie den Risnjak stapfend – da gibt's reichlich Action. Das Meer haben Sie in Istrien (fast) immer im Blick, denn selbst der entfernteste Ort auf der Halbinsel ist keine Stunde von der Adria entfernt.

Klar können Sie am Strand abhängen. Doch der bedient in dieser Region die Klischees meist nicht, die 539 km Küste Istriens ist vielerorts felsig oder betoniert. Sand- und Kiesstrände gibt es zwar, aber die müssen Sie suchen. Dafür lassen sich wunderbar glasklare Felsbuchten mit dem Boot erreichen. *Gumpen und Kanäle* zwischen Felsplatten, wo sich Krebse und Fischchen tummeln, sind Abenteuerspielplätze für Kids. Und für Schnorchler erst: Die tauchen, an steilen Felswänden entlang, in Höhlen und Tunnels. Ein Geheimtipp unter *Wracktauchern* sind die Gewässer vor Istrien: Unzählige Schiffe sind vor der Westküste versunken – und überall ist das Wasser kristallklar.

Bild: Blick auf den Lim-Kanal bei Rovinj

In Pirans Altstadt ist venezianisches Flair in fast jede Fassade gemeißelt

Aufs Wasser geht's beim Segeln, Kajakfahren, Stand-up-Paddeln oder Wind- und Kitesurfen. Übers Land geht's per Bike: In den vergangenen Jahren ist ein echter *Fahrradboom* über Istrien hineingebrochen: GPS-Routen rufen Sie sich per App ab, Bike- und Bed-Routen führen zu fahrradfreundlichen Hotels und Pensionen, wo es Luftpumpen gibt und die nassen Klamotten im Keller trocknen. Und ja, längst schon gibt es neben Touren- und Mountainbikes auch E-Bikes zu leihen, die Sie aufladen können, während Sie in einer urigen *konoba* einkehren.

Sport light geht auch ganz gechilled in Riemchensandalen, in den hübschen *Hügel- und Hafenstädtchen* in Istrien oder der Kvarner-Bucht: Da lässt es sich prima steile Kirchturmtreppen hinaufsteigen oder auf Wehrmauern balancieren, um von oben das ultimative Selfie zu knipsen. Das ist auch ein toller Fatburner, ohne Mega-Nervenkitzel.

12 000 v. Chr.
Die ältesten menschlichen Zeugnisse wurden in der Nähe von Pula entdeckt; Keramikfunde auf Cres lassen sich auf das 7. Jahrtausend v. Chr. datieren

2. Jh. v. Chr.
Die Römer erobern die istrische Halbinsel trotz Gegenwehr der Histrier genannten, wahrscheinlich illyrischen Bevölkerung

4.–7. Jh.
Nach Teilung des Römischen Reichs gehört Istrien zu Byzanz. Einwanderung slawischer Volksgruppen

8.–13. Jh.
Inneristrien ist Teil des Franken- und später des Habsburger Reichs und wird vom

AUFTAKT

Istrien und der Kvarner-Golf haben viele Herrscher kommen und gehen sehen. Rom, Byzanz, Venedig, Österreich-Ungarn und schließlich Jugoslawien haben sich in Kunst und Architektur verewigt. Die schönsten historischen Orte mit römischen Tempeln, Frankopanen-Festung, venzianischen Loggien, habsburgischen Theatern, vornehmen Palazzi sind Teil des Alltags. Da ragen spitze Kirchtürme in den Himmel, *geflügelte Steinlöwen* wetzen ihre Krallen an Stadttoren – all das sind kleine Kopien des großen Venedig, das hier so lange das Zepter in der Hand hielt. Von den Römern, die noch früher da waren, ist z. B. das blank polierte Straßenpflaster von Poreč geblieben oder die Arena von Pula, die heute Superstars zum Beben bringen.

Romantik satt gibt es in Istrien, nicht nur bei den spektakulären *Sonnenuntergängen* am Meer. Werfen Sie einen Blick auf die Landkarte: die Halbinsel ist herzförmig! Ein tolerantes Herz haben auch die Bewohner: Ihre Halbinsel ist dreigeteilt, zumindest politisch. Der größte Teil Istriens gehört zu Kroatien, das fast dreimal so groß ist wie Slowenien, allerdings mit rund 4,29 Mio. Einwohnern nicht so dicht besiedelt. Ein Küstenabschnitt der Region mit Karst-Panorama gehört zu Slowenien (2 Mio. Ew.) und die winzige Ecke um Triest herum zu Italien. Die vor allem im slowenischen Istrien lebenden 2200 Italiener sind als nationale Minderheit anerkannt und haben in der slowenischen Hauptstadt Ljubljana einen eigene politische Vertretung im Parlament, genau wie die italienische Minderheit (20 000 Menschen) an der istrischen Westküste Kroatiens im Parla-

> **An italienischem Dolce Vita kommen Sie hier nicht vorbei**

Patriarchat Aquilaeia verwaltet; an der Küste übernimmt Venedig 1291 endgültig die Kontrolle

14.–18. Jh.
Blütezeit der venezianischen Küstenstädte. Nach dem Intermezzo als Napoleons „Illyrische Provinz" gerаten Istrien und Kvarner im 19. Jh. wieder unter Habsburger Herrschaft

1918
Istrien, Cres und Lošinj sind italienisch. Gründung des Königreichs Jugoslawien

1945
Nach Ende des Zweiten Weltkriegs ruft Partisanenmarschall Tito die „Föderative Volksrepublik Jugoslawien" aus

ment in Zagreb. Die Region ist *von italienischem Lebensgefühl geprägt* – mit all den lieb gewonnenen Gewohnheiten wie dem Espresso, Eisdielen und dem Abendbummel Corso. Nichts geht ohne Espresso. Ein Muss, zu (fast) jeder Tageszeit, am liebsten beim People-Watching im Straßencafé – auch ein Sport, vielmehr Volkssport.

Bei Gastro-Events schlemmen Sie sich durch Istriens Küche

Auch die Restaurantszene wartet auf Sie: Gastro-Events in Istrien sind sehr beliebt und alljährlich werden wilder grüner Spargel, die berühmten *Kvarner-Scampi* (roh!), Esskastanien aus Lovran, der leckere Wein und andere regionale Erzeugnisse gefeiert. Feiern Sie mit – und sei es nur für ein kurzes Schlemmer-Weekend oder um die Winterstiefel für ein paar Tage gegen Sneaker zu tauschen.

Wenn Ihnen ein Winzer beim Besuch auf seinem Weingut von der berühmten *Terra Rossa* erzählt, der roten Erde, hören Sie gut zu. Denn die ist ziemlich eisenhaltig und fruchtbar – und das mögen Olivenbäume und Rebstöcke. Noch mehr Farbkunde gefällig? Das Weiße Istrien ist karg, mit wasserarmen Hochebenen wie an der Ostküste. Und im Grauen Istrien wachsen dichte Eichenwälder, ideal für *Trüffelsucher*. Die Luxusknollen gibt es dann in Restaurants mit weißen Tischdecken zum Slow-Food-Dinner – ohne jedoch die Urlaubskasse komplett zu schröpfen.

Im Alltag herrscht manchmal Zoff, zumindest im Zweiländereck, denn Slowenien und Kroatien zanken sich seit ihrer Unabhängigkeit 1991 um den Grenzverlauf in der Bucht von Piran. Als wäre das nicht genug, ist nun auch ein Streit über den typisch istrischen *Rotwein Teran* entflammt. Das ist unserer, sagen die Slowenen. Nein, widersprechen die Kroaten, die erst 2013 (neun Jahre nach den Slowenen) zur Europäischen Staatengemeinschaft hinzugestoßen sind: Der Teran sei eine kroatische Rebe. Nun soll's die EU richten. Für Außenstehende gilt: Raushalten und den guten Rotwein genießen.

Das Weltliche findet hier also seinen Platz. Der Alltag wird aber auch von der Kirche geprägt. Sie spielt eine wichtige Rolle: 86 Prozent der Kroaten sind Katholiken, die meisten davon gläubig. Die *Trennung von Kirche und Staat* verläuft nicht ganz so strikt wie in Slowenien. Das heißt, dass die Kirchenväter durchaus politische „Empfeh-

1980 Staatspräsident Tito stirbt. Das aus sechs Einzelrepubliken bestehende Jugoslawien zeigt Auflösungstendenzen

1991–1995 Kroatien und Slowenien erklären sich für unabhängig. Um Kroatiens Souveränität entbrennt ein erbitterter Krieg mit dem serbisch dominierten Restjugoslawien

1. Mai 2004 EU-Beitritt Sloweniens

1. Juli 2013 EU-Beitritt Kroatiens

2020 Rijeka wird europäische Kulturhauptstadt

AUFTAKT

Nehmen Sie Istrien sportlich: Radfahren ist ein Genuss in der abwechslungsreichen Region

lungen" geben. Gäste sind überall gerne gesehen, da sie reichlich Bares in die maroden Staatskassen spülen. Jahrelang knabberte Kroatien an der Wirtschaftskrise, jetzt geht es langsam wieder bergauf. Ein *Rettungsanker* war der Tourismus, der gut ein Fünftel zum kroatischen Bruttosozialprodukt beisteuert. Er schafft Jobs, wenn auch oftmals nur einen Sommer lang. Gut 16,5 Mio. ausländische Gäste zieht es nach Kroatien, davon 2,6 Mio. Deutsche – pro Jahr!

> **Gäste sind überall und bei allen herzlich willkommen**

Das war nicht immer so: Auch wenn es im jüngsten Krieg (1991–95) keine direkten Kämpfe in Istrien gab, sind die Wunden noch nicht verheilt. Mit dem blutigen Zerfall Jugoslawiens, der Slowenien und Kroatien 1991 die *Unabhängigkeit* brachte, kam auch der wirtschaftliche Umbruch. Große Industriebetriebe lagen brach, der Bergbau ging auf Talfahrt und selbst einige Werften – ein Wirtschaftspfeiler, auf den die Kroaten stolz sind – wurden geschlossen. Die Staatsbetriebe wurden umstrukturiert, die Privatisierung ist nun weitgehend abgeschlossen – Voraussetzung für Kroatiens EU-Mitgliedschaft. Viele Arbeitssuchende brachen ins Ausland auf, der EU-Beitritt brachte aber auch ein wenig *Aufschwung*. Der Export erhofft sich noch mehr Chancen, vor allem die Winzer würden nun ihre Weine gern in Europa platzieren.

Am Ende eines langen Tages, wenn Sie sich beim Baden, Kraxeln und Mountainbiken ausgepowert haben, setzen Sie sich auf bequeme Sitzkissen unter den glitzernden *Sternenhimmel* am Strand und nippen an Ihrem Drink. Fackeln erleuchten die Nacht, dezente Musik untermalt das Plätschern und Gurgeln des Meeres an den Felsen. Istrien und der Kvarner-Golf sind in. Überzeugen Sie sich selbst.

IM TREND

1 Gut geölt

Gelbgoldener Tourismus Italiens Olivenölbibel *Flos Olei* listet jedes Jahr mehr istrische Produzenten in ihrem europäischen Öl-Ranking. Konstanter Favorit ist Klaudio Ipša (www.ipsa-maslinovaulja.hr) aus Ipši, der bescheiden und ohne großes Tamtam ein wunderbares Öl aus der heimischen Sorte *Istrska bjelica* presst. In die Liga der 20 weltbesten Olivenöle stieg das *Meloto* (www.meloto.com) von Matteo Belci aus Vodnjan auf. Auch 🌿 *„Oma Jolas"* Bioöl (www.omajolas.com) aus der Region Savudrija wird gepriesen. In Slowenien überhäuft man 🌿 *Morgans* (www.olje-morgan.si) Öko-Olivenöl aus dem Hinterland von Koper mit Preisen. Die Öle kaufen Sie direkt bei den Produzenten oder in deren Onlineshops.

Grün vernetzt

Verantwortung übernehmen Umweltschutz, Nachhaltigkeit, soziale Verantwortung – für immer mehr Kroaten sind diese Werte inzwischen wichtiger als der schnöde Mammon. Touristische Projektentwickler bekommen dies schmerzhaft zu spüren, vor allem jene, die in Istrien Golfplätze planen. Lediglich eines von über 20 Projekten in der Pipeline konnte bisher verwirklicht werden. Überall dort, wo gebaut werden sollte, machten die Naturschützer seltene Pflanzen oder Tiere aus, deren Schutz Vorrang hatte. Wo es bereits zu spät scheint, greifen Initiativen wie das 🌿 *Centar Gerbin* ein. Es hat sich auf der Insel Cres der Bewahrung alter Traditionen verschrieben: Freiwillige bauen Bruchsteinmauern auf und helfen im *Multimedia-Museum für Schafzucht* (www.muzej ovcarstva.org) in Lubenice aus. Fisch und Vogel auf grünem Grund sind das Symbol der Initiative *Prijatelj okoliša* (Freund der Umwelt), die mit diesem Zertifikat Hotels und Campingplätze für ihr ökologisches Wirtschaften auszeichnet.

In Istrien und an der Kvarner-Bucht gibt es viel Neues zu entdecken. Das Spannendste auf diesen Seiten

Das neue Ibiza

Wildes Nachtleben Statt an Balearen-Stränden feiert die In-Crowd jetzt an Kroatiens Küste. Coole DJs aus der ganzen Welt legen auf. Renner sind Springbreak-Partys. Das *Spring Break Europe (www.springbreakeurope.at) (Foto)*, nach dem Vorbild der Studentenfeten an Floridas Stränden, sorgt in Umag mit drei Tagen Party für mächtig Aufsehen. Auch Pags berühmter Partystrand *Zrće* (zrce.eu) ist dabei: Der *Springbreak* Anfang Juni im *Papaya*, *Kalypso* und *Aquarius* ist so legendär wie das *Fresh Island Festival* im Juli mit Hip-Hop und RnB. Gänzlich in Extase gerieten die Party-Jünger, als auch das serbische EXIT-Festival – größtes seiner Art in Südosteuropa – einen Ableger in Umag einführte: zwei Tage Abtanzen beim *Sea Star Splash*, ein Tag After-Party *(www.seastarfestival.com)*!

Kroatisch kreativ

Frischer Wind in der Küche *Fusion cooking*, der Mix moderner Elemente mit traditionellen kroatischen Rezepten, ist der heißeste kulinarische Trend Istriens. Den Gipfel istrischer Genüsse zelebriert Danijel Dekić im Restaurant *Monte (Montalbano 75 | www.monte.hr)* in Rovinj. Selbst der traditionelle Eintopf mit lokalem Fisch wird beim Sternekoch zu einer „Brodet-Reinterpretation". Novigrad, längst für seine Dichte an Gourmetrestaurants bekannt, hat das *Pepenero (www.pepenero.hr)*: Dort finden sich sogar Einflüsse von Molekularküche auf dem Teller. Einen Schuss Japan an die Adria bringt das ungewöhnlich kleine, dafür umso coolere Restaurant *Damir & Ornella (Zidine 5 | www.damir-ornella.com) (Foto)* in Novigrad. Kultstatus hat das Adria-Sashimi!

FAKTEN, MENSCHEN & NEWS

BABYLONISCHES ISTRIEN

Wenn Ihnen in Istrien jemand eine *bala* auf dem Fußballplatz zuwirft, ist das irgendwie noch verständlich. Ein wenig *cukar* (gesprochen: zukar) im Espresso dürfte den meisten Urlaubern auch keine Probleme bereiten – sprachlich zumindest nicht. Alles Deutsch? Eher weniger. Bella Italia übt sprachlich großen Einfluss auf Istrien aus – auch wenn die meisten Italiener noch unter Tito ausgewandert sind. Es gibt die italienische Minderheit aber noch: Mehrere Tausend Italiener haben in Slowenien und Kroatien sogar eine eigene politische Vertretung im Parlament. Wo eine größere italienische Minderheit lebt, sind Ortsschilder zweisprachig: Aus Novigrad wird dann Cittanova. Pizza wird in Istrien mit *pomidor* und *olive* serviert, und wer zu viel davon verdrückt, passt, gefühlt zumindest, nicht mehr durch die *porta*. Nach *špigeti* (gesprochen: schpigeti) sollten Sie lieber nicht im Restaurant, sondern beim Schuster fragen – denn das sind keine langen Nudeln, sondern Schnürsenkel. Wer *homo* sagt, hat nichts Sexistisches im Kopf: In Istrien heißt das einfach „Let´s go!". Anderswo in Kroatien brechen Sie jedoch lieber mit einem *„Idemo!"* gemeinsam auf, um Missverständnisse zu vermeiden …

TRÜFFELSCHWEINE IM RUHESTAND

Gigi und Pepa haben eine Leidenschaft: schrumpelige Edelpilze, die im Erdreich

Vom Schnüffeln nach Trüffeln, der windigen Bora und Konfetti am Meer. Alles Randnotizen? Von wegen!

wachsen. Sobald sie Trüffeln wittern, kennen die beiden kein Halten mehr. Sie verputzen die teure Knolle einfach so und scheren sich nicht darum, dass das Kilo weiße Trüffeln aus Istrien für schlappe 3000 Euro gehandelt wird. Genuss muss sein. Hedonisten? Nein, die beiden sind vietnamesische Hängebauchschweine, die eigentlich mal auf Trüffelsuche gehen sollten. Dann kam jedoch die Diagnose: Trüffelgier! Also wurde umdisponiert und Besitzerfamilie Sinković aus Momjan streift nun regelmäßig mit Trüffel-hunden durch die Wälder. Die erschnuppern den Edelpilz zwar auch, futtern jedoch lieber etwas anderes. Als Ikone aller Trüffelhunde in Istrien gilt übrigens Diana. Die Deutsche Vorsteherhündin landete 1999 den ganz großen Coup: Sie fand einen 1,3 kg schweren weißen Megatrüffel. Der sicherte ihrem Herrchen, Giancarlo Zigante, bis heute den Eintrag ins Guinnessbuch der Rekorde. Mit Feinschmeckerlokal und Delikatessläden hat sich Zigante ein ganzes Trüffelimperium aufgebaut. Doch es gibt auch andere Trüffelsucher in Istrien, die Gäste mit in den Wald nehmen. Sorry, Gigi und Pepa, dieses Outdoor-Erlebnis wird leider nur für Zweibeiner angeboten!

AGROTURIZAM – VOM EINFACHEN HOF ZUM LANDGUT

Die beiden Hängebauchschweine Gigi und Pepa übrigens lümmeln in einem ausgedienten Weinfass auf dem Agrotourismus von Familie Sinković herum, in Momjan, wo das Meer weit und die Weinberge nah sind. Wie die meisten Landwirte im istrischen Binnenland betreiben die Sinkovićs keine Viehzucht, sondern bauen vorwiegend Wein, Oliven und Früchte an. Das alles servieren sie ihren Gästen, mit anderen Köstlichkeiten der regionalen Küche. Wer hätte vor 20 Jahren gedacht, dass Ferien auf dem Land so beliebt werden? Da fielen im Landesinneren viele istrische Bauernhäuser aus grauem Bruchstein in sich zusammen, denn ihre Bewohner waren längst in die Städte oder an die Küste gezogen. Olivenhaine verwahrlosten, Weinreben wucherten auf den Feldern. Dann kamen die ersten Vorreiter des *agroturizam,* Ferien auf dem Land, nahmen Gäste zur Olivenernte oder Weinlese mit. Doch auch ohne Bauernhof-Feeling boomte die Nachfrage: Plötzlich wurden die alten Gehöfte zu noblen Landgütern mit Pool umgebaut, die jedem Anwesen in der Toskana das Wasser reichen können. Agrotourismus-Adressen: *www.istra.com*

VON DER BORA VERWEHT

Wenn das Meer mit weißen Schaumwirbeln aussieht, als würde es kochen, heißt es: nichts wie runter vom Surfbrett, denn dann weht in Istrien der am meisten gefürchtete Wind, die Bora *(*kroat.

bura). Als kalter Fallwind stürzt sie sich vor allem im Herbst und Winter von Norden und Nordosten über die Bergkämme des Gorski kotar und des Velebitgebirges und peitscht das Meer auf. Wer jetzt noch draußen steht, spürt die Gischt, die sich in der Luft zerstäubt, und den Salzfilm, der sich auf die Haut legt. Inseln, die ihr im Weg stehen, beraubt die Bora jeglicher Vegetation. Wellen brechen sich an den Booten, ja selbst Fahrzeuge auf der Küstenstraße sind bei diesem Fallwind gefährdet. Kleiner Trost: Die Luft wird plötzlich glasklar, die Sicht reicht dann von der Adria bis an die Alpen! Die Bora ist Teamworkerin. Ist sie nicht da, kann der Maestral ganzjährig kalte, feuchte Luft von Nordwesten heranpusten. Und so richtig dicke Regenwolken, die nach einem Schirm rufen! Ebenfalls feucht, aber heiß, ist die Luft, die der Jugo (auch

FAKTEN, MENSCHEN & NEWS

Piran – wo das venezianische Gefühl von dolce far niente kein Plagiat ist

Schirokko genannt) aus dem Süden herbeiweht – manchmal hat er sogar Wüstensand aus der Sahara im Gepäck.

HÜLLEN-LOS

Die Freikörperkultur ist ein wenig in die Jahre gekommen. Es gibt doch längst farbenfrohe Tankinis und figurschmeichelnde Push-up-Badeanzüge. Wieso sollten Sie da die Hüllen fallen lassen? Also out? Überhaupt nicht. FKK-Strände gibt es in Istrien und dem Kvarner nach wie vor: Da tummeln sich viele, die nicht nur nahtlos braun werden wollen, sondern die Nacktbadekultur leidenschaftlich leben: Die Campinganlage Konversada an der Westküste Istriens ist die größte in Europa und nimmt bis zu 5000 Gäste pro Tag auf. Und auf Rab sind wunderschöne Buchten sogar nur für FKK-Jünger reserviert. Überhaupt ist Rab die FKK-Hochburg: Dort fand 1934 schon der Naturistenkongress statt. Und dann, zwei Jahre später, welch Skandal: Da ging der englische König Edward VIII. mit seiner Geliebten Wallis Simpson 1936 vor der Halbinsel Frkanj auf Rab hüllenlos baden – nachdem er zuvor eine Genehmigung beantragt hatte. Also, Hosen runter und ab ans Meer! Aber bitte nicht an öffentliche Strände oder in Badeanlagen, da hört die Toleranz der Kroaten auf.

ABZIEHBILDER OHNE FAKE

Da sind Sie schon mal in Istrien und haben keine Lust, den Tag im Ausflugsboot nach Venedig zu verbringen? Müssen Sie auch gar nicht! Venedig-Feeling gibt es in Istrien in jedem mittelalterlichen Hafen- und Bergstädtchen, da die Serenissima hier jahrhundertelang herrschte und ihre Spuren hinterließ: An den mittelalterlichen Stadttoren fletscht der Markuslöwe seine Zähne, in venezianischen Renaissanceloggien wird heute Olivenöl verkauft. Vieles wirkt wie Klein-Venedig, nur eben ohne Brücken. Die Kirchtürme in Istrien kommen Ihnen auch irgendwie bekannt vor? Ja sicher, denn Plagiate gab es schon unter den Venezianern, und so wurden die Kirchtürme meist dem Campanile der Markuskirche in – Sie ahnen es! – Venedig nachempfunden. Aber: keine Leistung ohne Gegenleistung – die Venezianer holzten eben auch viele Wälder in Istrien ab, um mit dem Holz die Lagunenstadt aufzubauen.

Aber nicht alles ist Venedig. In der Kvarner-Bucht werden Ihnen spätestens nach ein paar Tagen die Frankopanen wie alte Bekannte vorkommen. Solche, die man überall trifft, etwa in Krk-Stadt, wo die mehrschichtige Frankopanen-Torte in den Vitrinen ausliegt und Ihnen der mehrzackige Stern als Machtinsigne der kroatischen Fürsten auf Schritt und Tritt begegnet. Oder im Hinterland von Novi Vinodolski und Crikvenica, wo Ruinen an die mächtige kroatische Fürstendynastie erinnern, die trotz Venezianern zwischen dem 11. und 15. Jh. große Teile des heutigen Kvarner beherrschte. Die ehemaligen Frankopanen-Kastelle sind heute schöne Wanderziele und umgeben von Weinbergen.

HELAU! KONFETTI MIT MEERBLICK

Ja wie ruft man denn eigentlich? Helau? Alaaf? Hurra? Egal, wofür Sie sich entscheiden: Nur die gute Laune zählt. Karneval gilt nämlich vielerorts in der Kvarner-Bucht als fünfte Jahreszeit. „Sei, was du willst", ist das Motto beim ★ *Karneval in Rijeka*, der Hafenstadt mit dem unkonventionellen Geist. Gefeiert wird mit alten Bräuchen, etwa den *zvončari*: Die treiben den Winter mit Riesenglocken aus. Dabei laufen Sie beim großen Karnevalsumzug hinter dem Karnevalsmeister her, der den Stadtschlüssel verwahrt, hinter dem Prinzenpaar und den Motto-Traktoren. Bis zu 150 000 Zuschauer kommen, das ist eine stolze Zahl, denn Rijeka hat nicht einmal so viele Einwohner. Klingt alles irgendwie nach Karneval am Main oder Rhein? Aber nicht doch! Wo gibt es denn schon närrisches Treiben mit Meerblick? Der Hafen wird mit einbezogen: Eine Strohpuppe, die für alles büßen muss, wird auf dem Wasser verbrannt. Noch mehr Action gibt es bei der maskiert stattfindenden Auto-Rallye „Paris-Bakar": Start ist vor der Pizzeria Pariz (Paris) in Rijeka, Ende im Küstenstädtchen Bakar. Fun-Faktor: extrem hoch! Winterkarneval verpasst? Im Juli wird noch mal mit Tanzmariechen und Co. nachgelegt, etwa beim Sommerkarneval in Novi Vinodolski.

TIERISCHE ZUSTÄNDE

Gut, dass es Zäune gibt, so der erste Gedanke. Zumindest, wenn man ihm gegenübersteht: Mächtige Hörner, die fast Armlänge haben, verschaffen dem *boškarin*-Rind reichlich Respekt. Dass es das Nutztier, das nur in Istrien lebt, dort noch gibt, ist staatlichen und EU-Töpfen zu verdanken. Die kräftigen, hellen Rinder mit ihren langen Hörner dienten in der Landwirtschaft als Zugtiere. Als man sie durch Traktoren ersetzte, drohten sie auszusterben. Heute stehen wieder etwa 2500 *boškarin*-Rinder auf istrischen Weiden. Sie werden dem boškarin vor allem in Slow-Food-Restaurants begegnen. Nicht gleich aufschreien! Im Supermarkt gibt es das Edelrind nicht, alles also noch unter Kontrolle. Angespannter ist die Lage hingegen unter Wasser: Thunfischschwärme gibt es in der nördlichen Adria kaum noch, zu groß war die

FAKTEN, MENSCHEN & NEWS

Nachfrage. Unter strengem Naturschutz stehen die rund 120 Delphine vor Istrien und der Kvarner-Bucht, die Sie bei einer Fährüberfahrt im Kvarner-Golf entdecken können. Falls nicht, werden Sie doch Pate ist bei diesen unkonventionellen Weinen nichts, wie es sein sollte: Der berühmte istrische Weißwein Malvazija sieht aus wie trüber Orangensaft. Ist das noch Wein? Ja, denn hierbei wird Weißwein

Wenn der Winter vor diesen Karnevalsmasken Reißaus nimmt, ist er wohl nicht mehr stark genug

von Ivan und Co. Eine Delphin-Adoption vermittelt die Delphinschutzstation *Plavi svijet* in Veli Lošinj – ab 200 Kuna pro Jahr, dafür bekommen Sie ein Foto von Ihrem Lieblingsdelphin *(www.blueworld.org)*. Jedes Jahr am 1. Juli werden die Tümmler dort mit einem großen Delphin-Fest gefeiert.

VOLUMENPROZENT IN ORANGE

Naturweine sind hip. Die schmecken weder nach Beeren noch nach Pfirsich und in Barrique-Fässern lagern sie schon gar nicht – sondern in Tonamphoren, die in der Erde vergraben werden. Überhaupt wie Rotwein hergestellt, also mit der Schale vergoren. Dadurch werden mehr Farbstoffe freigesetzt. Entsprechend wirkt der Wein orangefarben – und wird oft auch Orange Wine genannt. Und obwohl er total trüb ist, wie Traubenmost, ist Filtern tabu! Ebenso haben Schwefeloxid und Chemie nichts darin verloren, die verwendet werden, damit der Wein nicht kippt. Dass es auch ohne geht, zeigen Istriens Weinbaurebellen, die sich als innovative Spitzenwinzer einen Namen gemacht haben – etwa Giorgio Clai, Roxanich und Kabola. Probieren? Dafür müssen Sie Ihre Urlaubskasse um 20 bis 30 Euro schröpfen – pro Flasche.

ESSEN & TRINKEN

Eine *fritaja* mit grünem Wildspargel und rauchiger *pančeta*, Kvarner-Scampi mit Zitronensaft und feinem Olivenöl, Austern frisch aus dem Meer, kroatische Sushi, Carpaccio vom *boškarin*-Rind, *fuži* mit Trüffeln, süße Maronenküchlein … all diese Spezialitäten machen eine Genussreise durch Istrien und Kvarner unvergesslich.

Dabei ist es noch nicht einmal 20 Jahre her, dass Mitteleuropäer mit der Küche des damaligen Jugoslawien lediglich eines verbanden, die verschiedenen *-ćići-Gerichte* vom Grill. Sicher, auch *čevapčići* und *ražnići* können absolut köstlich schmecken, aber es wäre schade, würde man die kroatische Küche auf Hackfleischwürstchen und Fleischspießchen reduzieren.

Wichtigstes Qualitätsmerkmal ist die Frische der Zutaten. Dass mit *regionalen Produkten* gekocht wird, ist selbstverständlich. Der Wildspargel wächst auf der Wiese nebenan, die Fischer holen täglich Tintenfisch oder Sardinen aus dem Meer, ein paar Dörfer weiter bekommt man bestes, natives Olivenöl und im Herbst sind die Wälder voll mit *Steinpilzen* und Trüffeln. Die Kombination von Frische und aromatischen Kräutern aus dem eigenen Garten steht für sich; besondere Kochkunst ist da gar nicht vonnöten. Sie schadet allerdings auch nicht, wie die von Jahr zu Jahr steigende Zahl an *Gourmetköchen* beweist: Küchenchefs, die vor allem in Istrien und an der Kvarner-Küste ihr Können zelebrieren. Restauranttester von Gault Millau und Veronelli sind

Bild: Altstadt von Rovinj

Immer nur -*čići*-Gerichte? Selbst schuld! Dann verpassen Sie eben Hits wie Scampi, Wildspargel und Trüffeln

von der Qualität der neuen slowenischen und kroatischen Küche sehr beeindruckt. Für den unverwechselbaren Geschmack sorgt auch die Rückbesinnung auf fast schon vergessene istrische Spezialitäten. Das heimische 🌍 ***boškarin***-Rind stand vor der Ausrottung, als eine Umweltinitiative damit begann, es als besondere Marke zu etablieren. ihr Fleisch gilt heute als Delikatesse und darf nur in speziell dafür zugelassenen Restaurants zubereitet werden. Ähnlich erging es den ***Kvarner-Scampi***, deren Fleisch besonders aromatisch – viele sagen: süß – schmeckt. Sie dürfen nicht mit Schleppnetzen, sondern nur mit Reusen gefangen werden, weil die dünnen Panzer sonst verletzt würden. Das war lange viel zu umständlich; erst die steigende Wertschätzung in den Gourmetrestaurants brachte die alten Fangmethoden und damit die Kvarner-Scampi zurück auf die Speisekarten. Auch traditionelle Zubereitungsarten werden wiederentdeckt: So die ***peka***, eine Eisenpfanne mit Deckel, die in einer offenen Feuerstelle mit Glut bedeckt

SPEZIALITÄTEN

brodet – Fischeintopf, mit verschieden Fischen, manchmal auch Krebsen, mit Zwiebeln, Knoblauch, Kräutern und Olivenöl gegart
buzara – Sud aus Zwiebeln, Knoblauch, Olivenöl und Tomaten für Muscheln oder Scampi
fritaja – Rührei mit saisonalen Zutaten. Besonders köstlich mit Wildspargel (Frühjahr) und Trüffeln (Herbst)
fritule – kleine, krapfenähnliche, frittierte Teigbällchen, je nach Region aus Hefe-, Kartoffel- oder auch Brandteig
fuži – der Nudelteig wird zu Quadraten geschnitten und die gegenüberliegenden Enden zusammengedrückt
kapešante – Jakobsmuscheln; die aus Novigrad gelten als besondere Delikatesse; sie werden im Mündungsgebiet der Mirna gezogen, wo Süß- auf Salzwasser trifft
maneštra – deftiger Gemüseeintopf, meist mit geräuchertem Bauchspeck und Bohnen oder Graupen
njoki – Klößchen aus Kartoffelteig, Beilage zu Gulasch oder Pilzsauce
ombolo – entbeintes Schweinskotelett, gesalzen, mit Lorbeer, Knoblauch und Pfeffer eingerieben und 14 Tage getrocknet. Isst man roh oder gebraten
Paški sir – der Schafskäse von der Insel Pag verdankt seinen aromatischen Geschmack den kräuterreichen Weiden
pljukanci – längliche Teigröllchen, aus einem ähnlichen Teig wie Spätzle
pršut – luftgetrockneter Schinken (Foto li.)
rižoto – Risotto mit Pilzen (Foto re.), Wildspargel oder Scampi. *Crni rižoto* ist mit Tintenfischtinte gefärbt
šurlice – längliche Teigröllchen, innen hohl, als Beilage z. B. zu Gulasch

wird und in der alles – vor allem Lamm, aber auch Rind, Pute, Fisch – besonders schonend gegart wird. Die Zubereitung dauert mehrere Stunden, deshalb sollten Sie vorausschauend ein *peka*-Gericht am Vortag bestellen. Moreno Medoš von der ● *Gostilna Na Burji* im slowenischen Nova Vas bereitet sein Lamm in der *peka* auf einem **Bett aus Wiesenheu** zu, was dem Gericht einen besonders würzigen Geschmack verleiht.
Ein typisch istrisches Essen beginnt mit einer Aufschnittplatte, auf der luftgetrockneter Schinken **pršut**, Salami (besonders fein vom *boškarin*-Rind) und meist Schafskäse von der Insel Pag angerich-

ESSEN & TRINKEN

tet sind. In der kühleren Jahreszeit kann es auch eine *jota*, eine sämige Gemüsesuppe, geben, in die unbedingt entweder weiße Bohnen oder Kichererbsen und Geräuchertes gehören. Darauf folgt wie in Italien ein Zwischengericht: *fuži* mit Steinpilzsauce z. B. oder ein Risotto mit Scampi. Überhaupt ist der italienische Einfluss groß: Knusprige Holzofen-Pizza und Pasta müssen sich in Istrien nicht verstecken und sind meist eine tolle Alternative für Vegetarier. Beim Hauptgang wählt man zwischen Fisch oder Fleisch, etwa einen *kokošji žgvacet,* ein Hühnergulasch, oder einen **brodet**, einen Fischtopf. Puristen bestellen vielleicht lieber ein Steak mit Trüffeln oder Wolfsbarsch vom Grill. Dazu einen knackigen, gemischten Salat und knuspriges Weißbrot. So kreativ die istrische Küche unzählige Arten von *fritajas (*eine Art Rührei mit Wildspargel, Trüffeln, pršut ...), von Pasta *(fuži, pljukanci, ravioli, njoki)* und Eintöpfen (Huhn, Rind, Wild, Fisch, Wurst) erfindet, so einfallsarm ist sie, wenn es um Nachspeisen geht: Es gibt Eis oder Pfannkuchen, *palačinke,* mit Schokoladen- oder Nussfüllung.

Slowenien und Kroatien sind reich an **Thermalquellen**, deren Wasser wunderbar schmeckt und gesund ist. Bestellen Sie *Radenska* (Slowenien) oder *Jamnica* (Kroatien) zum Essen. Vorsicht vor der slowenischen *Donat*-Quelle! Ihr wird abführende Wirkung nachgesagt. Auch Bier kommt aus der Region, *Union* und *Laško* (Slowenien) sowie *Karlovačko, Ožujsko* und *Velebitsko* (Kroatien) zählen zu den beliebtesten Sorten. Weintrinker können auf Entdeckungsreise gehen: Die heimischen roten Sorten **Teran** und **Refošk** sind schwere, herbe Weine, deren besonderen Geschmack viele Winzer durch Verschnitt mit anderen Reben oder durch Lagerung in Barrique-Fässern veredeln. Beide, den rauen Bauernwein wie die fei-

Grillfleisch und Gemüseeintöpfe: Bodenständiges zum Sattwerden

nen Varianten, sollten Sie verkosten. Der am weitesten verbreitete, weiße **Malvazija Istriana** hat mit dem bei uns bekannten, süßen Malvasier nichts gemein. Es ist ein fruchtiger Weißer mit feiner Note und passt hervorragend zu Fisch. Auch den auf der Insel Krk gekelterten Weißwein *Vrbnička Žlahtina* sollten Sie probieren – er schmeckt leicht, fruchtig und fast spritzig.

Was die Öffnungszeiten in der Region betrifft: Sowohl die etwas feineren Restaurants als auch die rustikalen, landestypischen Tavernen, die **konoba** (in Slowenien auch **gostilna**) heißen, sind den ganzen Tag und die ganze Woche über geöffnet. Eingeschränkte Öffnungszeiten mit Ruhetagen gelten höchstens in den Wintermonaten oder bei besonderen Gourmettempeln.

EINKAUFEN

Riechen, Schmecken, Probieren: Was istrische Bauern, Winzer, Hausfrauen und Imker auf 🌿 lokalen Märkten und am Straßenrand anbieten, ist einfach nur mega-lecker. Für jeden etwas dabei – wetten? Mit hübscher Schleife und in geprüfter Qualität, gibt's die vielfältigen Produkte auch in Delikatessenläden. Sie wollen lieber Kunsthandwerk shoppen? Geht auch, aber das Angebot ist oft Mainstream und nicht immer originell.

HAUSGEMACHTES

Ein kroatisches Wort sollten Sie sich unbedingt merken: *domaće* (kroat.) bzw. *domače* (slow.), also hausgemacht. Das gilt als höchstes Prädikat in Slowenien und Kroatien, wie eine Art selbst verliehene Goldmedaille. Vielen ist das einfache Olivenöl vom Nachbarn lieber als der preisgekrönte Edeltropfen. Entlang der Hauptstraßen bauen die Freizeiterzeuger in der Saison ihre Stände auf und verkaufen vom Steinpilz bis zu Früchten in Schnaps, vom Öl in Plastikkanistern bis zu allem, was sie gesammelt, eingelegt oder zubereitet haben. Die Adressen professioneller landwirtschaftlicher Unternehmen, bei denen es u. a. Wein, Öl, den luftgetrockneten Schinken *pršut* und sogar Lavendel – alles natürlich domaće – zu kaufen gibt, liefern Broschüre und App *Istra Gourmet* (istria-gourmet.com).

MORČIĆ

Ein dunkelhäutiger Turbanträger als Wahrzeichen Rijekas? Woher die seit Jahrhunderten überlieferte Tradition stammt, Halsketten, Ohrringe und Broschen mit dem *morčić* zu schmücken, wissen Rijekas Goldschmiede nicht mehr – doch wie das emaillierte Köpfchen anzufertigen ist, das beherrschen sie ebenso gut wie ihre Großväter. Ein hübsches, originelles Souvenir!

OLIVENÖL

Olivenöl kickt jeden Salat! Schilder mit der Aufschrift *olje* (slow.) bzw. *ulje* (kroat.), also Öl, weisen entlang der Straßen auf Höfe hin, die selbst gepresstes Olivenöl verkaufen. Neben einfachen, bäuerlichen Betrieben gibt es mittlerweile auch viele ambitionierte Produzenten, deren Öle internationale Preise gewonnen haben und deren Höfe eine eigens aus der Taufe gehobene „Straße des Olivenöls" verbindet. Weitere Infos: *www.istria-gourmet.com*

Do it yourself ist nicht Ihrs? Mit Herzblut Hausgemachtes wie Olivenöl, Fleur de Sel oder Wein packen Sie aber ein, oder?

SALZ

Das Meer ist salzig? Zum Glück! So kann in den slowenischen Salinen von Sečovlje Salz noch auf traditionelle Art durch Meerwasserverdunstung gewonnen werden – zu kaufen direkt an den Salinen, in Supermärkten oder im Laden von *Piranske Soline (Ul. IX. Korpusa 2)* in Piran. Übrigens bekommen Sie dort auch INSIDERTIPP *Fleur de Sel (slowenisch: solni cvet)*, kostbares Produkt der ersten Salzblüte aus pyramidenförmigen Kristallen, ohne das kein Küchenchef von Welt heutzutage mehr auskommt. Spartipp: Das berühmteste kroatische Meersalz, *Paška sol*, aus den Salinen von Pag, gibt es für wenige Kuna in jedem Supermarkt.

TRÜFFELN

Trüffelhunde in Istrien haben vor allem im Herbst viel zu tun: Zwischen Oktober und Dezember stöbern sie weiße Trüffeln auf, schwarze finden sie das ganze Jahr über. In Buzet, Motovun und anderen Orten weisen Schilder den Weg zu Verkaufsstellen, wo es die Edelknolle gibt. Die versteckt sich auch in Olivenöl oder Käse, das ist richtig lecker! Als bekanntester Erzeuger gilt Zigante *(www.zigantetartufi. com)*, der mehrere Filialen in der Region betreibt und mit seinem Trüffelpesto und Co. auch in Supermärkten vertreten ist.

WEIN

Regional ist in: Viele Winzer in Istrien und dem Kvarner pflegen heimische Weinsorten. Die roten Teran und Refošk sowie der weiße Malvazija sind mittlerweile international gefragte Tropfen. Weinstraßen führen zu Winzern und Kellereien, in denen Besucher Weine verkosten und kaufen können, doch erwarten Sie keine Schnäppchen! Die Preise sind durchaus gehoben. Eine Liste von Adressen bietet *Istra Gourmet;* telefonische Voranmeldung ist zu empfehlen.

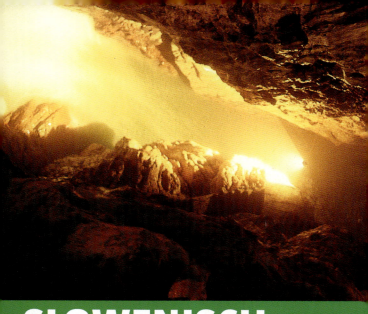
Bild: Grotte von Škocjanske jame

SLOWENISCH-ISTRIEN

Two in one: erholsamer Urlaub und Entdeckungsreise? Dann nichts wie ab zum Roadtrip nach Slowenisch-Istrien! Das klappt auch mit kleinem Zeitfenster, denn der Küstenabschnitt ist gerade mal 46 km lang.

Konzentriert gibt es hier aber alles, was auch den kroatischen Küstenabschnitt Istriens ausmacht: In Koper legen die großen Frachtschiffe an, in Izola schaukeln Fischerboote an der Uferpromenade und in Piran wird „Coffee to stay" auf Plätzen mit italienischem Einschlag geschlürft. Portorož ist die elegante Badewanne der Slowenen, mit Sandburg-Spaß! Salzgeschwängert ist die Luft im Naturschutzgebiet der Salinen von Sečovlje. Und wo bleibt die Action? Im karstigen Hinterland, mit vielen Höhlen und Felsgipfeln zu Erklettern. Ausführliche Informationen finden sie im MARCO POLO Slowenien. So klein Slowenisch-Istrien sein mag, für das Land ist der Meerzugang immens wichtig – doch um den genauen Grenzverlauf im Meer zofft man sich schön länger mit dem Nachbarn Kroatien. Die EU soll's richten.

IZOLA

(140 B3) *(Ø E3)* Einfach bei einem Cappuccino dahindümpeln: Es scheint, als sei die Uferpromenade des Städtchens Izola. (16 000 Ew.) eigens dafür gebaut worden. Einige Fischer vertäuen im hübschen Hafen ihre Boote, an denen sich die Wellen brechen. Ganz leicht

Kurz und gut: Die slowenische Riviera prägen lebhafte Hafenstädtchen, ein hügeliges Hinterland und geheimnisvolle Höhlen

weht eine frische Brise vom Meer in die schmalen Gassen. Alles wirkt ganz entspannt – easy going in Izola.

Isola? Richtig, so sagen die Italiener zu einer Insel. Dass hier mal Italienisch erste Sprache war, daran erinnern noch zweisprachige Ortstafeln. Denn Izola musste sich wie alle istrischen Küstenstädte der Serenissima unterwerfen, später (1797) folgten die Habsburger. Um die *isola* jedoch zu erkennen, brauchen Sie schon mehr Fantasie: Die einstige Insel, auf der die Altstadt thront, wurde nämlich längst schon mit dem Festland verbunden – wie Koper und Piran auch.

SEHENSWERTES

ARCHÄOLOGISCHER PARK SIMONOV ZALIV

Sightseeing in Badeklamotten ist eigentlich ein No-Go! Außer in diesem Ausgrabungsgelände, südlich der Marina von Izola: Antike Fundamente und Mosaikböden einer römischen Villa nehmen 3000 m² direkt am Meer ein und bele-

IZOLA

Izola, Insel, wer will hier schon wieder aus dem Hafen schippern?

gen, dass hier schon zur Römerzeit Menschen siedelten. Beim Baden selbst geht das Sightseeing weiter: Hier stoßen Sie auf Überreste eines antiken Hafenkais. *Mitte Juni–Sept. tgl. 17–20 Uhr | Eintritt frei*

KIRCHE SV. MAVRO

Das Stilbruch-Märchen geht so: Es war einmal eine Kirche mit zierlicher, heller Renaissancefassade (16. Jh.). Die blieb nicht lang allein: Ein Kirchturm gesellte sich hinzu. Aber, ach: Der war aus istrischem Stein, ziemlich rustikal. Und wenn die beiden nicht abgetragen wurden – nun, dann passen sie bis heute nicht so recht zusammen. Egal, denn die Aussicht von der ☼ Turmspitze stimmt. *Juli/Aug. Mo–Sa 10–14, 16–20, So 11–13, 15-20 Uhr | Eintritt frei | Trg Sv. Mavra*

MANZIOLIJEV TRG

Izolas Lieblingsplatz für einen Kaffee erinnert an Klein-Venedig, mit herausgeputzten Fassaden. Gotik, Renaissance und sogar eine romanische Kirche, *Sv. Marij Alijetska*, sind zu sehen – doch hoppla die hat einen recht eigenwilligen Grund riss, der achteckig ist.

PALAZZO BESENGHI DEGLI UGHI

Was sind denn das für Töne? Neugierig Blicke in die repräsentativen Innenräum sind erlaubt, solange in der Musikschul von Izola unterrichtet wird. Wenn nicht Die Fassade des Barockpalais (18. Jh.) -

SLOWENISCH-ISTRIEN

mit Freitreppe und verschnörkelten Fenstergittern – lohnt auch von außen einen kurzen Abstecher. *Gregorčičeva Ul.*

PINIENALLEE

Kurz hinter Izola auf dem Weg in Richtung Portorož säumt eine alte Pinienallee die Straße. Wie schützende Schirme beugen sich die Baumkronen zueinander und bilden ein fast lückenloses Dach – ein schönes Fotomotiv!

ESSEN & TRINKEN

MARINA

Gerade noch im Meer, nun auf dem Teller: Fisch! Fisch! Fisch! Passt auch zur schönen Hafenkulisse. *Tgl. | Veliki trg 11 | Tel. 05 660 41 00 | www.hotelmarina.si | €€*

INSIDER TIPP WINE BAR MANZIOLI

Leichten Sommerwein, selbst gekeltert, schenkt Top-Winzer Bruno Zaro in der gemütlichen Weinbar aus. Chill-Faktor: hoch. *Tgl. | Manziolijev trg 5 | Tel. 05 616 21 37 | www.vinozaro.com | €*

FREIZEIT & STRÄNDE

Kies knirscht unter Ihren Füßen, wenn Sie in der reizvollen Badebucht *Simonov Zaliv* – genau, die bei den antiken Mosaiken – südlich von Izola baden. Packen Sie einen Beachvolleyball ein. Mehr Adrenalin gibt es auf der Riesenrutsche, die zur Strandanlage gehört.

AM ABEND

AMBASADA GAVIOLI

Hämmernde Bässe, ein flackernder Farbrausch und coole Gigs machen einen der Top-Technotempel in ganz Slowenien aus. *Industrijska cesta 10 | www.ambasadagavioli.si*

ÜBERNACHTEN

HOSTEL ALIETI

Leckerer Croissant-Duft hängt im Gang? Das ist ein guter Grund, sich morgens aus den Betten der bunten Mehrbettzimmern zu schälen. *5 Zi. | Dvorišcna Ul. 24 | Tel. 05 167 06 80 | www.hostel-alieti.si | €*

MARINA

Für den Stadturlaub mieten Sie sich bitte direkt am alten Hafen ein: mit Romantik-Feeling und gutem Restaurant. *52 Zi. | Veliki trg 11 | Tel. 05 660 41 00 | www.hotelmarina.si | €€*

MARCO POLO HIGHLIGHTS

★ **Dreifaltigkeitskirche Hrastovlje**
Ein Tänzchen mit dem Tod wagen Arm und Reich, Kind und Greis – auf diesen Fresken von Sv. Trojica sind alle gleich! → S. 36

★ **Titov trg**
Prätorenpalast, Loggia und Dom: geballte Eleganz auf einem einzigen Platz → S. 36

★ **Lipica**
Die Wiege der berühmten Lipizzaner ist nicht nur für Pferdefans ein Da-muss-ich-Hin → S. 37

★ **Škocjanske jame**
Nirgends höhlt stetes Wasser den Stein so faszinierend wie im Höhlensystem von Škocjan → S. 37

★ **Piran**
Venezianische Kulisse für Liebhaber mediterraner Lässigkeit → S. 37

IZOLA

AUSKUNFT

TOURISTENINFORMATION
Ljubljanska ul. 17 | Tel. 05 6 40 10 50 | www.izola.eu. Broschüre mit Freizeittipps fürs Hinterland gibt's auch auf Deutsch.

KOPER (140 B3) *(m E–F 2–3)*
In Koper (25 000 Ew.), 6 km östlich, kommt Sehnsucht auf: Hier legen die großen Kreuzfahrtschiffe an, hier werden Container aus Übersee umgeschlagen. Die Hafenatmo ist ein Kontrast zu

Außen hui, innen wow! Auf den gotischen Fresken in der Kirche von Hrastovlje tanzt der Tod

ZIELE IN DER UMGEBUNG

DREIFALTIGKEITSKIRCHE HRASTOVLJE ⭐ (141 D4) *(m G3)*
Sicher, die welligen Karstberge in der Umgebung hinterlassen Eindruck. Und die dreischiffige Kirche *Sv. Trojica* (13. Jh.) am Rand von Hrastovlje, 26 km östlich Izolas, selbst ist eher unscheinbar, trotz dickem Mauerkorsett. Das große Wow kommt erst im Inneren: Wunderbare mittelalterliche Wandbilder, bunt und ausdrucksstark. In dem Freskenwunder treffen Sie auf geballte Bibelgeschichte: die Heiligen Drei Könige, die Passion Christi, die Genesis. Der ikonografische Höhepunkt, der *Totentanz,* erdet: Gevatter Tod tanzt mit Alt, Jung, Arm und Reich – und macht keinen Unterschied. *Mi–Mo 9–12, 13–17 Uhr | Eintritt 3 Euro*

den Studentencafés und zum zentralen ⭐ *Titov trg*. Der Platz könnte aus dem Architektur-Lehrbuch stammen: Gotische *Loggia, Prätorenpalast* und *Dom* protzen da um die Wette und geben eine ziemlich gute Figur ab. Wenn Sie sich von der tollen Altstadt-Ansicht nicht lösen können, schlagen sie die *Kidričeva ulica* in Richtung altem Hafen ein und lassen Sie die Atmosphäre bei einem Cappuccino im *Café Loggia* (Nr. 46) auf sich wirken. Auf dem *Prešernov trg* wartet der *Da-Ponte-Brunnen* (17. Jh.) auf Ihren Fotostopp. Von dort verlassen Sie die Altstadt durch das einzige erhaltene Stadttor *Porta Muda* (1516). Dort dürfte die lächelnde Sonne, Kopers Wappen, Ihre Laune vollends heben. Das Abendessen könnte international werden: Der Österreicher Jan Aigner versammelt gemein-

SLOWENISCH-ISTRIEN

sam mit seiner slowenischen Partnerin Andrea Modern-Food-Anhänger in seinem Restaurant *Okus (Di–Fr 12–15, 18–22, Sa 18–22 Uhr | Kolodvorska cesta 2 | Tel. 03 164 26 47 | www.restavracija-okus.com | €€€).*

LIPICA ⭐ (140 C2) (*F1*)
Ach, diese Piaffen! Und Passagen! Wenn Sie nun nicht gleich an ein Shoppingerlebnis denken, müssen Sie unbedingt dorthin: 34 km nordöstlich liegt das berühmte Gestüt der Lipizzaner, die hier schon vor 500 Jahren von den Habsburgern gezüchtet wurden. Da galoppieren die weißen Pferde so elegant und stolz an Ihnen vorbei, dass der Applaus am Ende der klassischen Reitvorführung einfach nicht abbrechen will. Das ist allerhöchste Reitkunst. Anschließend können Sie sich noch ein wenig die Beine vertreten: Ein Blick in den historischen Reitstall werfen, ein paar Quizfragen im interaktiven *Museum Lipikum* beantworten, und ab zur Koppel. Die wirkt wie schönste Landschaftsmalerei: sattgrünes Sommergras, jahrhundertealte Eichen, Linden und eine hügelige Karstlandschaft. Können Sie reiten, steigen Sie doch auch mal aufs Pferd. Wenn nicht, kommen Sie den Tieren bei einer Kutschfahrt auch ziemlich nahe. Und wer gar kein Feuer fängt, der geht auf den Golfplatz, ganz in der Nähe – natürlich auch mit tollem Karstpanorama. *Geführte Besichtigung tgl. Nov.–März 10, 11, 13, 14, 15, April–Okt. stdl. 10–17 Uhr; Vorführung d. klass. Reitschule April/Okt. So 15, Mai–Sept. Di, Fr, So 15 Uhr | Besichtigung 16, mit Vorführung 23 Euro | Tel. 05 7 39 17 08 | www.lipica.org*

ŠKOCJANSKE JAME (HÖHLEN VON ST. KANZIAN) ⭐ ● (141 D2) (*G2*)
Beste Kulisse für einen Endzeitfilm: Ein mächtiger Canyon, unter dem der Fluss Reka in 100 m Tiefe rauscht. Das ist ganz großes Kino, denn die Schlucht befindet sich tief unter der Erde, 40 km nordöstlich, in der Nähe des Dorfs Matavun. Und Sie stehen mittendrin! Wasser und Erosion haben wirklich beeindruckende Tropfsteingebilde geformt: Diese sind schon mal 15 m mächtig oder sehen wie Orgelpfeifen aus. Kurz vor Ende der eineinhalbstündigen Besichtigung kommt noch ein Highlight, nicht nur für Geologen: eine Doline, also ein Höhlenabschnitt, dessen Decke eingestürzt ist.
Ein spannender **INSIDER TIPP** Rundgang, den Sie im Sommer auf eigene Faust unternehmen können, führt am Reka entlang durch kurze Höhlenpassagen und Dolinen zur *Tominčeva jama*, wo bedeutende archäologische Funde gemacht wurden. Warme Kleidung und rutschfeste Schuhe nötig! *Führungen Nov.–März tgl. 10, 13, So auch 15, April, Mai, Okt. 10, 12, 13, 15.30, Juni–Sept. 10–17 Uhr stdl. | 16, mit Rundgang Reka 18 Euro | www.park-skocjanske-jame.si*

PIRAN

(140 A3–4) (*D–E3*) **Das ist der wahre Süden: Mediterrane Leichtigkeit kommt in ⭐ Piran auf, dem schönsten slowenischen Küstenstädtchen. Beim Espresso auf dem kreisrunden Hauptplatz leuchten Häuser in warmen Pastelltönen, während Skater ihre Runden um das Denkmal eines Geigers drehen. Klingt ein wenig nach Venedig? Genau.**

Dass Venedig hier rund 500 Jahre das Sagen hatte, wird in Piran (4100 Ew.) sofort klar: Schönste venezianische Architektur lässt das Städtchen so stimmungsvoll wirken. Das Geld dafür stammt unter anderem aus den Salinen von Sečovlje und Strunjan. Das Salzmonopol brachte nicht nur den Venezianern viel Geld ein, auch

PIRAN

die Stadtväter von Piran hatten so ihre Schleichwege, ebenfalls daran zu verdienen – und tun es heute noch.

SEHENSWERTES

ALTSTADT

Lassen Sie sich einfach durch die Altstadtgassen treiben. Die können Sie gar nicht verfehlen, auf einer Landzunge und nördlich des Hafens. Viele mittelalterliche Häuser mit Außentreppen und Erkern gibt es auch auf der *Halbinsel Punta* und im Stadtteil *Marčana*, in dem es zur Kirche Sv. Jurij hinaufgeht. Mittelpunkt der Stadt ist der *Tartinijev trg,* benannt nach dem Komponisten und „Teufelsgeiger" Giuseppe Tartini (1692–1770), der hier geboren wurde und dessen Denkmal den Platz schmückt. Auffällig ist das rote, schmale Haus in venezianischer Gotik, das ein venezianischer Kaufmann für seine junge Geliebte bauen ließ. Das sorgte für Mega-Klatsch. Der Kaufmann ließ eine Steintafel anbringen, die heute noch dort hängt: „Lass die Leute reden" steht da im Dialekt.

INSIDER TIPP KIRCHE SV. JURIJ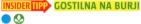

Am höchsten Punkt der Halbinsel wacht das barocke St.-Georg-Gotteshaus über die Altstadt. Vorbild für den Kirchturm war Venedigs Campanile. Werfen Sie einen Blick auf den Taufstein, falls das frei stehende *Baptisterium* geöffnet hat – denn der wurde aus einem römischen Sarkophag gearbeitet. Das Schönste hier oben aber ist der Blick nach Koper und Triest. Und wenn die Bora den Himmel blank geputzt hat, schweben am Horizont die Gipfel der Julischen Alpen und der Dolomiten über dem Meer.

ESSEN & TRINKEN

Beste Location, mit Erste-Reihe-Meerblick ist die Landzunge Punta, wo Sie zahlreiche Restaurants finden.

INSIDER TIPP GOSTILNA NA BURJI
● ☘

Nicht zögern! 18 km Anfahrt ins Dorf Nova Vas lohnen unbedingt, denn hier erleben Sie ein authentisches istrisches Lokal, in dem ausschließlich mit regionalen Produkten gekocht wird. Ob es *jota*, den istrischen Eintopf mit Bauchspeck, selbst gemachte *fuži* mit Salbei, *brancin* aus der Bucht von Piran oder Lamm gibt, hängt vom Markt, den Nachbarn und den Fischern ab, bei denen Oriella und Moreno ihre Zutaten beziehen. *Mo geschl., sonst tel. reservieren | Nova Vas 57 | Tel. 05 28 40 30 |* €€

PRI MARI

Das kleine Lokal steht für innovative Mittelmeerküche. Traditionelle istrische Re-

LOW BUDGET

Früher Dorfschule, heute Jugendherberge: In der *Stara Šola Korte (17 Zi. | Korte 74 | Tel. 05 6 42 11 14 | www.hostel-starasola.si)* im ländlichen Hinterland von Izola wohnen Sie preiswerter als an der Küste.

Luxus-Beachen muss nicht sein! Wer's einsam mag, läuft von Izola die Küste entlang in Richtung Strunjan und sucht sich ein Plätzchen an den Buchten unterhalb des Flyschfelsens Bele Skale.

Essen in Portorož ist teuer. In der urigen *Ribja Kantina Fritolin (Obala 53)* aber gibt's täglich Fisch satt zu günstigen Preisen um 6 Euro pro Portion.

SLOWENISCH-ISTRIEN

zepte bereichert die Besitzerin Mara mit venezianischer Kochkunst. *Tgl. | Dantejeva ul. 17 | Tel. 05 6 73 47 35 | €€*

EINKAUFEN

BENEČANKA
Regional total: Hier kommt alles aus den Salinen von Sečovlje, von grobkörnigem Salz bis zu feinem Fleur de Sel. *Ul. IX Korpusa 2*

FREIZEIT & STRÄNDE

Einheimische springen gleich an der ● *Punta* ins Meer; Leitern erleichtern Unkundigen den Einstieg.

AM ABEND

KONZERTABENDE IM MINORITENKLOSTER ●
Der Renaissancekreuzgang dieses Klosters dient als Kulisse für klassische Konzerte. Das schafft wirklich Gänsehaut-Feeling! *Piranski Glasbeni Večeri | www.avditorij.si*

ÜBERNACHTEN

MIRACOLO DI MARE
Ein gemütliches Frühstück im verwunschenen Altstadt-Garten, liebevoll kümmernde Besitzer – das macht den Charme des alten Häuschens mit knarrenden Holzfußböden aus. *12 Zi. | Tomšičeva 23 | Tel. 05 9 21 76 60 | miracolodimare.si | €–€€*

PIRAN
Lage! Lage! Lage! Darauf sollten Sie auch hier achten: Buchen Sie unbedingt ein Zimmer mit ✲ Meerblick, direkt an der Uferpromenade. Ach ja, bequem sind die Betten auch. *89 Zi. | Stjenkova 1 | Tel. 05 6 66 71 00 | www.hotel-piran.si | €€*

Dem mediterranen Charme Pirans werden Sie garantiert erliegen

AUSKUNFT

TOURISTENINFORMATION
Tartinijev trg 2 | Tel. 05 6 73 44 40 | www.portoroz.si

PORTOROŽ

(140 A4) (*E3*) **Seien wir mal ehrlich: Das Schönste an Portorož (3000 Ew.) ist der Sandstrand. Hier knirscht der Sand zwischen den Zehen, während sich der Körper entspannt auf einem Liegestuhl räkelt. Der Blick fällt auf die palmenbestandene Promenade: Ja, hier lässt es sich gut aushalten.**

PORTOROŽ

Ein wenig vom alten Charme ist noch da, in dem einstigen Seebad der österreichisch-ungarischen Society: Highlight ist das hübsch sanierte Hotel Palace, mit Stuck und Park, in dem vor über hundert Jahren der Adel kurte. Sonst sind wenige Villen an der lang gestreckten Uferpromenade geblieben, vieles musste sozialistischen Neubauten der 1970er-Jahre weichen. Sightseeing machen Sie lieber woanders. Hier wird gebadet!

ESSEN & TRINKEN

An der Uferpromenade *Obala* spielt die Musik: Restaurants, Snackbars und Schnellimbisse gibt es hier zuhauf.

TOMI

Nein, der Kellner hat nicht zu wenig berechnet trotz prima Qualität und sehr frischem Fisch. Elegantes Flair und Panoramablick über die Bucht sind in dem verhältnismäßig günstigen Preis auch inklusive. *Tgl. | Letoviška 1 | Tel. 05 6 74 02 22 | www.hotel-tomi.eu* | €€

FREIZEIT

KOCHWORKSHOPS

Welche Bohnenart gehört eigentlich in eine istrische *mineštra*? Das und einiges mehr rund ums Kochen verraten Ihnen die lokalen Köche, die in Zusammenarbeit mit dem Tourismusverband Kochkurse anbieten. *Jeden 2. Fr im Monat 14–19 Uhr | 40 Euro | Anmeldung beim Verband, Tel. 05 6 74 22 20 | www.portoroz.si*

INSIDER TIPP LEPA VIDA THALASSO SPA

So geht Open-Air-Wellness: Da liegen Sie mitten in den Salinen von Sečovlje, gut abgeschirmt vor neugierigen Blicken, und beobachten die Möwen am Himmel. Nebenbei werden Sie wunderbar massiert, probieren eine Thalasso-Anwendung oder baden im Meerwasserpool. Die Entspannung flutet Sie. Nur träumen ist schöner. Unbedingt reservieren! *Juni–Sept. | Seča 115 | Tel. 05 6 72 13 60 | www.thalasso-lepavida.si*

LESEHUNGER & AUGENFUTTER

Silvija Hinzmann: Der Duft des Oleanders. Prohaskas erster Fall in Istrien – Ein toter Journalist im Pool, ein Kriegsverbrecher, ein schwäbisch-kroatischer Kommissar – mitten in Istrien. Temporeich erzählt vor malerischer Landschaft. Ein Muss für Rovinj-Fans (2015)!

Marisa Madieri: Wassergrün – Eine Kindheit in Istrien – Einen jugoslawischen Pass? Den will die Familie der italienischstämmigen Autorin nicht, als Rijeka/Fiume 1947 unter Titos Herrschaft kommt. Sie zieht in eine Flüchtlingsunterkunft nach Triest. Spannende Kindheitserinnerungen (2004)

Titus – Blutrünstige Shakespeare-Verfilmung mit einem genialen Anthony Hopkins in der Hauptrolle, u. a. in der Arena von Pula gedreht. Nichts für zarte Seelen (2000)

Die Toten vom Karst/Der Tod wirft lange Schatten – Veit Heinichens Krimis rund um Ermittler Proteo Laurenti und deren TV-Verfilmungen spielen in Triest und Istrien

SLOWENISCH-ISTRIEN

Salz, Schweiß und Sonne auf seiner Haut: Die Salzgewinnung in Sečovlje ist mühsam

AM ABEND

ALAYA COCKTAIL BAR
Südsee-Feeling kommt bei einem leckeren Cocktail in den Strohhütten am Strand von Portorož auf. *So geschl. | Obala 22 | www.alaya.si*

ÜBERNACHTEN

KEMPINSKI PALACE PORTOROŽ
Das historische Haus ist ganz schön hui: außen mit Jugendstil-Schick und um einen modernen Anbau erweitert, innen schmieren Sie sich Ihre Frühstücksbrötchen im historischen Ballsaal. Zum Dinner geht's ins viel gelobte Hotelrestaurant Sophia. *183 Zi. | Obala 45 | Tel. 05 6 92 70 00 | www.kempinski.com | €€€*

INSIDER TIPP HOTEL MARKO
Frühstück mit Meerblick gibt's im parkähnlichen Garten dieser Villa mit familiärer Atmo. Danach die Straße überqueren und auf den Liegestuhl am hoteleigenen Strand. *48 Zi. | Obala 28 | Tel. 05 6 17 40 00 | www.hotel-marko.si | €€*

AUSKUNFT

TOURISMUSVERBAND
Obala 16 | Tel. 05 6 74 22 20 | www.portoroz.si

ZIEL IN DER UMGEBUNG

SALINEN VON SEČOVLJE
(140 A–B4) (E3)

Wetterfest scheinen die Männer, mit Holzrechen türmen sie mächtige Salzberge auf: Meersalz wird in den 650 ha großen Salinen, 5 km südlich von Portorož, auf traditionelle Art gewonnen. Wie genau, zeigt ein kleines *Museum (April, Mai, Sept., Okt. tgl. 9–18, Juni–Aug. 9–20 Uhr | Eintritt 3,50 Euro)*. Elegante Silberreiher lassen sich im Areal blicken und Schwärme von Zugvögeln, die die Salinen als Raststätte nutzen. Bewirtschaftet wird nur noch der nördliche Abschnitt *Lera*, der wie der südliche Teil, *Fontanigge*, unter Naturschutz steht. Decken Sie sich im Shop mit Meersalzpeeling, Salzschokolade und Co. ein. *Salinen tgl. Sommer 8–21, Winter 8–17 Uhr | Eintritt 7 Euro | www.kpss.si*

Bild: Rovinj

KROATISCH-ISTRIEN

Willkommen in der „kroatischen Toskana". Auf den wie Kegel geformten Hügeln verbergen sich mittelalterliche Städtchen hinter grauen Wehrmauern, und auf den steilen Hängen und den dazwischen liegenden weiten Tälern wurzeln Weinreben und Olivenbäume in fruchtbarer Erde.

Im kroatischen Teil Istriens treffen vielfältige Zeugnisse einer alten, romanoslawischen Kultur auf eine ebenso lange landwirtschaftliche Tradition. Deren Produkte, allen voran Wein und Olivenöl, werden gerade von Feinschmeckern weltweit entdeckt. Das Kernland säumt eine zumeist felsige, von Pinien und Kiefern beschattete Küstenlinie mit reizvollen Hafenstädtchen, die ihre von Venedig geprägte Geschichte in Architektur und Wappen tragen. Dazwischen reihen sich v. a. entlang der flachen Westküste Apartmentanlagen, Hotels und Campingplätze auf. Von den Ferienorten Poreč, Medulin oder Rabac ist es nur ein Katzensprung in die malerischen Dörfer und Bergstädtchen Inneristriens.

BUZET

(141 D5) (*M* G4) Halt! Setzen Sie den Blinker und biegen Sie ins Bergdörfchen Buzet (6000 Ew.) ab. Das gilt nämlich als Istriens selbst ernannte Trüffelhauptstadt, mit 150 m hohem ☼ Hügelplateau für tolle Panorama-Selfies.

Kleine Geschäfte, ein paar Restaurants oder eine Trüffeljagd bringen Ihnen die

Das große Urlaubspotpourri für Sie: mediterrane Städtchen, idyllische Kiesbuchten und ein hügeliges Hinterland

hochgeschätzte Edelknolle näher. Highlight ist das *Subotina-Festival (2. Sa. im Sept.)*, wenn der Jahreszahl entsprechend viele Eier mit 10 kg Trüffeln in einer Riesenpfanne auf dem Hauptplatz aufgeschlagen werden. Das vermutlich teuerste Omelett der Welt wird groß gefeiert. Wie, Sie mögen gar keine Trüffeln? Dann machen Sie sich auf zu einem Bummel durch die Altstadt mit ihren Festungsmauern. Doch rasch, ehe alle hierherkommen und das nette Städtchen für sich entdecken …

SEHENSWERTES

ALTSTADT
Falls Sie Mittelalter-Fan sind – hier kommen Sie auf Ihre Kosten: Buzet hat nämlich noch viel ursprünglichen Charme, fast etwas Verwunschenes. Da sind die Festungsmauern, einige Kirchen (16.–18. Jh.) oder der *Palazzo Bembo (Ul. M. Trinajstića)*. Entdecken Sie das schönste Familienwappen an einer Hausfassade. Die gibt es nämlich ziemlich häufig in den schmalen Gassen zu sehen.

BUZET

Schwindelfrei? Sie laufen und laufen auf dem inneren Mauerring einmal um Motovun

ESSEN & TRINKEN

STARA OŠTARIJA
Lange Lagerzeiten gibt's nicht bei Familie Marušić: Die sammelt ihre Trüffeln selbst und hobelt sie frisch über Pasta & Co. Ein echter Standortvorteil, denn die kostbaren Knollen wachsen unterhalb des Panoramalokals im Mirnatal. *Di geschl. | Ul. Petra Flega 5 | Tel. 052 69 40 03 | €€*

EINKAUFEN

DISTILLERY AURA
Schnaps brennt? Nicht der feine hausgemachte aus Misteln, Wildkräutern oder Honig, der hier verkauft wird. Das Beste: Gäste dürfen dem Hochprozentigen beim Gären und Blubbern zuschauen (Verkostungspreise bis zu 120 Kuna). *April–Mitte Dez. tgl., sonst Mo–Sa | 2. Istarske brigade 2/1 | www.aura.hr*

ZIGANTE TARTUFI
Was man aus einem schrumpeligen Edelpilz alles machen kann: Schwarze und weiße Trüffeln gibt es als Aufstrich, aromatisiertes Öl und im Käse versteckt. Wer hier nicht probiert, ist selbst schuld! *Trg Fontana | www.zigantetartufi.com*

FREIZEIT & SPORT

Anschnallen, abheben und den Gebirgszug Ćićarija, östlich von Buzet, im Paragliding-Modus von oben genießen. Ganz allein? Keine Sorge: Ein Tandemflug beruhigt die Nerven. *Camp Raspadalica (550 Kuna/Flug im Tandem | 30 Stellplätze | Tel. 089 9 22 80 81 | www.raspadalica.com)*. Auf zur Trüffeljagd in den Wald! Zu den bekanntesten Anbietern gehört ● Familie Karlić *(091 5 72 79 32 | www.karlic-tartufi.hr)*, die Sie mit Trüffelhunden begleitet – auch in Deutsch.

ÜBERNACHTEN

VELA VRATA
Yogaübungen am Morgen – das könnte in diesen Hotelzimmern arg eng wer-

KROATISCH-ISTRIEN

den. Was soll's? Relaxen Sie lieber und genießen Sie die romantische Lage neben dem Stadttor! *19 Zi. | Šetalište Vladimira Gortana 7 | Tel. 052 49 47 50 | www.velavrata.net | €€*

AUSKUNFT

TOURISMUSVERBAND BUZET
Šetalište Vladimira Gortana 9 | Tel. 052 66 23 43 | tz-buzet.hr

ZIEL IN DER UMGEBUNG

HUM & ROČ ⭐ **(141 D–E5)** *(ɱ G4)*
Vier Babys innerhalb eines Jahres – das ist zwar niedlich, aber eigentlich keine Schlagzeile wert. Im Hügelstädtchen *Hum*, 16 km südlich von Buzet, war hingegen gleich von einem „Baby-Boom" die Rede, denn in Hum leben gerade mal 30 Einwohner. Der Ort gilt als „kleinste Stadt der Welt" und hat zwei Straßen, jedoch alles, was eine richtige Stadt braucht. Ein mächtiges *Stadttor*, eine gut erhaltene *Stadtmauer*, stattliche Häuser und eine mittelalterliche *Loggia*. Und natürlich ein Restaurant: *Hum (€)*. Dort wird der legendäre Mistelschnaps *Biska* ausgeschenkt. Hübsch verpackt gibt's ihn auch im Laden *Trgovina Imela* neben dem Stadttor.

Wenn Sie schon einmal hier sind – fahren Sie doch gleich weiter ins nächste Hügelstädtchen, nach *Roč*. Dafür folgen Sie einfach den Steinskulpturen. Elf sind es entlang der 7 km langen *Glagolitischen Allee*. Sie erinnern an die Bedeutung der Orte für die Entwicklung des Glagolitischen Alphabets. Das ein wenig vergessen wirkende Roč schirmen Türme und Bastionen ab, durch das Stadttor geht es in eines von gleich vier steinernen Gotteshäusern. Sie mögen Fresken? In der Kirche *Sv. Roč* gibt es romanische und gotische mit Wow-Effekt!

MOTOVUN

(140 C5) *(ɱ F4)* **Wer ins autofreie Hügelstädtchen Motovun will, muss unten parken und zur 277 m hohen Kuppe der Altstadt hinaufsteigen. Das hält fit. Auf dem Weg zur doppelten Stadtmauer können Sie shoppen: Feinkost, Trüffeln. Oder einen Cappuccino trinken, mit ❄ Traumaussicht auf das Mirnatal.**

Wenn, dann richtig. Das dachten sich die Bewohner von *Motovun* (600 Ew.) vermutlich, als sie ihr Städtchen vor Angreifern schützen wollten. Zunächst haben sie ihre grauen Natursteinhäuser ganz oben auf der Bergspitze platziert. Und zwar so dicht nebeneinander, dass diese wie ein Wall wirken. Doch damit

MARCO POLO HIGHLIGHTS

⭐ **Hum & Roč**
Die „kleinste Stadt der Welt" und Fresken zum Verlieben
→ S. 45

⭐ **Grožnjan**
Wehrhaftes Bergstädtchen mit musisch-mediterranem Flair
→ S. 49

⭐ **Sv. Marija na Škriljinah**
Mittelalterliches Freskenwunder am Rand von Beram → S. 51

⭐ **Euphrasius-Basilika**
Frühchristliches und byzantinische Pracht in Poreč → S. 53

⭐ **Amphitheater**
Römische Geschichte zum Anfassen in Pula → S. 56

⭐ **Rovinj**
Entspanntes Flair in schmalen Gassen → S. 62

MOTOVUN

nicht genug: Die Altstadt wurde mit einem dicken Mauergürtel gesichert. Und als sie darüber hinauswuchs, baute man eine zweite Wehrmauer – doppelt hält besser. Heute ist ein Spaziergang auf der Mauer ein Muss. Das Städtchen soll übrigens der Riese Veli Jože erbaut haben. Den entdecken Sie als moderne Wandmalerei an einer Hausfassade *(Mure 4)*.

SEHENSWERTES

ALTSTADT MOTOVUN

Legen Sie vor dem Stadttor einen Selfie-Stopp ein auf dem lang gestreckten Platz, der an der ehemaligen ☆ *Loggia* (17. Jh.), mit Panoramablick auf das Mirnatal, endet. Und dann ab in die schmalen Altstadtgassen und treiben lassen. Der Puls des Städtchens pocht auf dem Platz *Trg Andrea Antico*, der mit hübschen Palazzi umstanden ist. Renaissance und Barock finden sich hier. Unter dem Platz versorgte eine Zisterne die Bewohner mit Wasser, ein Brunnen erinnert daran. Vom Hotel Kaštel gelangen Sie auf den inneren ☆ *Mauerring,* auf dem Sie vorbei an mehreren Wachttürmen einmal um die Stadt laufen – herrliche Panoramen über Istrien sind Ihnen dabei garantiert.

ESSEN & TRINKEN

POD NAPUN

Hinter den Verkaufsräumen für Wein, Öl und Trüffeln verbirgt sich eine freundliche *konoba,* deren Plus nicht nur die hervorragende Trüffelküche, sondern auch die ☆ Terrasse mit Blick aufs Mirnatal ist. *Di geschl. | Gradiziol 33 | Tel. 052 68 17 67 | www.antique-motovun.com.hr | €–€€*

POD VOLTOM

Bis zur Panoramaterrasse des Restaurants im oberen Stadttor haben Sie es geschafft. Glückwunsch! Das ruft nach deftigen Spezialitäten wie Wildgulasch mit hausgemachten *njoki*. *Mi geschl. | Trg Josefa Ressela 6 | Tel. 052 68 19 23 | €–€€*

EINKAUFEN

ETNOBUTIGA ČA

Motovun zu besuchen, ohne das Trüffelpesto heimischer Erzeuger wie *Miro tartufi* zu probieren, ist fast undenkbar. Wenn Sie die Knolle nicht mögen, gibt's Wein, Öl und Co. *Gradiziol 33*

ÜBERNACHTEN

KAŠTEL ☆

Was entspannt mehr: der Blick auf die umgebenden Hügel oder ein Wellnesstag im Spa? Im hübsch umgebauten Hotel geht beides. *33 Zi. | Trg Andrea Antico 7 | Tel. 052 68 16 07 | www.hotel-kastel-motovun.hr | €€*

INSIDER TIPP STANCIJA SCODANELLA

Unter den inzwischen zahlreichen istrischen Ferienhäusern ist dieses mit einer Traumlage gesegnet. Vom ☆ Pool blicken Sie auf das mittelalterliche Motovun. Und die perfekte, geschmackvolle Ausstattung des alten Bauernhauses steigert Entspannung und Wohlbefinden. Schnell hin. *Für max. 9 Pers. ab 1600 Euro/Woche | Tel. 052 68 15 18 | www.istrien-pur.com*

AUSKUNFT

TOURISMUSVERBAND MOTOVUN

Trg Andrea Antico 1 | Tel. 052 68 17 26 | www.tz-motovun.hr

ZIEL IN DER UMGEBUNG

MIRNATAL & LIVADE (140 C5) (*ω F4*)

Wie sehen Stieleichen und Eschen gleich noch mal aus? In den Wäldern rund um

KROATISCH-ISTRIEN

In Novigrad stolpern Sie über historische Palazzi-Hinterlassenschaften

Motovun können Sie Ihre Baumkenntnisse auffrischen. Mehr noch: Die Böden sind ideal für Trüffeln. Früh am Morgen sind Sie dort nicht alleine. Trüffelsucher ziehen bevorzugt umher. Relaxen Sie am Flüsschen Mirna, das seinem Namen „die Ruhige" gerecht wird. Den Trüffel-Trip runden Sie elegant im Dörfchen *Livade* ab: Dort betreibt „Trüffelkönig" Giancarlo Zigante seinen Nobelschuppen *Restaurant Zigante (tgl. | Livade 7 | Tel. 052 66 43 02 | www.restaurantzigante.com | €€€)*. Mit schwarzen und weißen Trüffeln krönt er seine Menüs und sogar das Eis zum Dessert.

NOVIGRAD

(140 A6) (*D–E4*) **Ein Blick auf die Landkarte verrät es: Buchten und Halbinseln, alles schön flach und mit Sonnenuntergangsgarantie am Abend – das ist die nordistrische Küste.**

Dahinter teilen sich Hotel- und Apartmentanlagen den Küstensaum sowie kleine Häfen, in denen Fischerboote neben Luxusyachten dümpeln. Sein Flair entspannter Gelassenheit behält *Novigrad* (4000 Ew.) selbst im Hochsommer.

SEHENSWERTES

ALTSTADT
Eigentlich sollte die *Wehrmauer* ja Gäste fernhalten, zumindest ungebetene. Darauf pfeift sie heute und posiert mit ihren Resten lieber auf Urlaubsfotos neben einer kleinen *Renaissanceloggia*, die fast nasse Füße bekommt, so dicht steht sie am Meer. Die Mauer begleitet die Uferpromenade Riva mit ihren Hier-will-ich-bleiben-Cafés nur noch vereinzelt. Entlang der Velika ulica mit ihren Palazzi, wie z. B. *Palača Rigo* (18. Jh.), ist sie längst verschwunden. Am Hauptplatz *Veliki trg* steht der Koffein-Nachschub im Mittelpunkt, den gibt es mit barockem

NOVIGRAD

Kirchblick auf *Sv. Pelagij*. Drinnen unbedingt in die INSIDER TIPP *romanische Krypta (Sommer tgl. Mo–Sa 9.30–13.30, 17.30–22 Uhr | Eintritt 15 Kuna)* schauen. Sie ist die einzige ihrer Art in Istrien.

GALLERION
Ein Sammelsurium aus der K.-u.-k.-Zeit ist dieses tolle Privatmuseum: Kleine Nachwuchskapitäne staunen über 350 detaillierte Schiffsmodelle, die großen über die – leider nicht immer so idyllische – Vergangenheit der österreichischen Kriegsmarine in Istrien. *April–Mitte Juni Mi–Sa 9–12, 14–18, Mitte Juni–Ende Aug. 9–12, 19–21, Sept.–Okt. 9–12, 15–18 Uhr | Eintritt 30 Kuna | Mlinska 1 | www.kukmarine-museum.net*

ESSEN & TRINKEN
Vergessen Sie Fast Food! In Novigrad zaubert die Crème de la Crème der istrischen Kochkunst, zum Beispiel im *Damir & Ornella (kroatische Sushi; €€€)* oder im *Pepenero (Crossover; €€€)*, über die Sie in den einschlägigen Feinschmeckerbibeln nachlesen können. Unbedingt probieren sollten Sie auch die solide istrische Land- und Fischküche in den *konobe* Novigrads.

KONOBA ČOK
Familie Jugovac vollbringt ein kleines Wunder – sowohl der hungrige Gast ohne Feinschmeckeransprüche als auch der Gourmet sind von ihrer kreativen Küche begeistert. *Mi geschl. | Sv. Antuna 2 | Tel. 052 75 76 43 | €€–€€€*

INSIDER TIPP MARINA
Eine Entdeckung mit hübschem Blick auf den Hafen und kreativer, mediterraner Küche, die selbst im mit Gourmetlokalen gepflasterten Novigrad noch zu überraschen weiß. *Di geschl. | Sv. Antona 38 | Tel. 052 72 66 91 | €€–€€€*

FREIZEIT & SPORT
Augen zu und über die bequemen Einstiegsleitern ab ins Meer. Wirklich hübsch ist das Freibadufer am Ende der Novigrader Landzunge nicht. Außer, sie mögen Betonplatten. Ein Farbtupfer sind dafür die Beachvolleyballer und die *Waikiki Beach Bar*.

AM ABEND

VITRIOL
Eine große Terrasse, das Plätschern der Wellen und der Blick auf eine glutrote Sonne, die ins Meer taucht. Novigrads beste Adresse für einen entspannten Abend mit feinen Cocktails. *Ribarnička 6 | www.vitriolcaffe.com*

ÜBERNACHTEN

MAESTRAL
Man sieht es dem Hotelklotz nicht unbedingt an, aber er wirtschaftet ökologisch (Mülltrennung, Pferdemist als Dünger, kostenlose Fahrräder für die Gäste), wofür er einen kroatischen Umweltpreis

KROATISCH-ISTRIEN

Der Ort Grožnjan, einst dem Verfall preisgegeben, entwickelte sich zur Künstlerkolonie

gewonnen hat. Fantastisch ist die Pool-Lagune. Und das Wellnesscenter erfüllt höchste Ansprüche. *318 Zi. | Terre 2 | Tel. 052 2 85 86 00 | www.aminess.com |* €€

SAN ROCCO
Selbst in diesem charmanten Familienhotel im Landesinneren sehen Sie irgendwo hinter den Weinbergen das Meer – 10 km entfernt! Im hoteleigenen Feinschmeckertempel essen Sie Adriafische. *12 Zi. | Srednja Ul. 2 | Brtonigla | Tel. 052 72 50 00 | www.san-rocco.hr |* €€–€€€

AUSKUNFT

TOURISMUSVERBAND NOVIGRAD
Mandrač 29a | Tel. 052 75 70 75 | www.coloursofistria.com

ZIELE IN DER UMGEBUNG

GROŽNJAN ★ (140 B5) (F4)
Früher ein Geisterstädtchen, heute ein Künstlerdorf: Dem 25 km landeinwärts liegenden Grožnjan (288 m, 80 Ew.) ging es nach dem Zweiten Weltkrieg wie vielen istrischen Hügelsiedlungen – die Bevölkerung wanderte ab. Zu unbequem war das Leben auf den steilen Hügeln. Um die Häuser vor dem Verfall zu retten, stellte sie die jugoslawische Regierung Künstlern zur Verfügung. Mit Erfolg: In den alten Natursteinhäusern verstecken sich Galerien und Ateliers, in denen Keramik, Skulpturen und Installationen entstehen. Im Sonnenlicht klappern unzählige Absätze übers Kopfsteinpflaster, an bunten Blumenkübeln und barocken Bürgerhäusern vorbei, stoppen kurz an der Loggia und dem Stadttor (alles 14.–18. Jh.). Und wenn es langsam dunkel und ruhiger wird, ziehen leise Töne durch die Gassen, werden immer lauter – hoppla, das ist richtig guter Jazz! Grožnjan ist für das Festival *Jeunesse musicale* berühmt, bei dem junge Musiker alljährlich vor schöner Open-Air-Kulisse spielen. Gerne sitzen sie nach den Konzerten im Café *Bar Vero (Trg Cornera 3),* dessen Terrasse Istrien zu Füßen liegt. Unter Schatten spendenden Kastanien serviert das *Restaurant Bastia (tgl. | 1. Svibnja | Tel. 052 77 63 70 |* €€*)* auf dem Hauptplatz istrische *fuži* mit Steinpilzen oder Steak mit Trüffeln.

49

PAZIN

Es muss ja nicht gleich sooo groß sein, aber in Umag schmeckt das Eis nach Urlaub

HÖHLE MRAMORNICA
(140 B5) *(ſſ E4)*
Cool down. Den vielfarbigen Tropfsteinen verdankt die „Marmor"-Höhle 7 km nordöstlich ihren Namen. Der Rundgang (warm anziehen!) dauert eine halbe Stunde, tel. Anmeldung erbeten. *Tgl. Juli/Aug. 10–18, Mai, Juni, Sept. 10–17, April/Okt. 10–16 Uhr | Eintritt 50 Kuna | Štancija Drušković 20 | Tel. 052 77 43 13*

UMAG & SAVUDRIJA **(140 A4)** *(ſſ D3)*
Ruhestand? Kein Thema für Kroatiens dienstältesten Leuchtturm in *Savudrija*. Seit 200 Jahren erhellt dieser nicht nur Istriens westlichsten Landzipfel, sondern ist auch dessen Highlight. Ansonsten gibt es dort jede Menge Hotelanlagen. Ein Radweg führt am Meer entlang ins 7 km entfernte *Umag*. Sie müssen unbedingt einmal durch die auf einer Landzunge gelegene Altstadt bummeln und im Juli zum Tennis-Watching, wenn die internationale Polokragen-Elite sich bei den Croatia Open *(www.croatiaopen.hr)* trifft. Den Center Court rahmt die Ferienanlage *Sol Stella Maris (180 Villen | Stella Maris 8a | Tel. 052 70 07 00 | www.istraturist.com | €€–€€€)* mit Campingplätzen, Apartments und den reizvoll eingerichteten *Istrian Villas* ein. Weiter nördlich am *Kap Savudrija* kommen Sie sehr komfortabel im **INSIDER TIPP** *Kempinski Adriatic (186 Zi. | Alberi 300a | Tel. 052 70 70 00 | www.kempinski-adriatic.com | €€€)* unter. Im Restaurant kombiniert Zoran Čobanov genial inneristrische und mediterrane Traditionen.

PAZIN

(141 D6) *(ſſ G5)* **Eine schroffe Schlucht, eine geheimnisvolle Höhle, ein trutziges Kastell – Pazin hat einige Must-see-Plätze zu bieten.**

KROATISCH-ISTRIEN

Im Städtchen (4400 Ew.) treffen sich alle: Nicht, weil der Ort geografische Mitte und Verwaltungssitz Istriens ist, sondern weil er für jeden Geschmack etwas bietet: für Outdoor-, Adrenalin- und Museumsfans. Gemeinsam können sie alle über den riesigen Markt schlendern *(jeden 1. Di im Monat)*: Regionales Gemüse meets Billig-Flip-Flops – auch hier ist für jeden etwas dabei.

SEHENSWERTES

KAŠTEL ● ⚜

Auf die Baugenehmigung müsste man für das Kastell heute vermutlich endlos warten, so dicht thront es über der 120 m tiefen, steil abfallenden Fojba-Schlucht. Die dramatische Lage der vierflügeligen mittelalterlichen Anlage hat schon Jules Vernes inspiriert: Der hat nämlich seinen Romanhelden „Mathias Sandorf" 1885 ins dortige Verlies gesperrt, um ihn über die canyonartige Schlucht entkommen zu lassen. Im Kastell zeigt das *Ethnographische Museum Istriens (Di–So 10–18 Uhr | Eintritt 25 Kuna | Trg Istarskog Razvoda 1275 | www.emi.hr)* traditionelle istrische Kultur.

LEHRPFAD UNTER DEM KAŠTEL (PAZINSKA JAMA)

Ein *Lehrpfad*, an dem mehrsprachige Tafeln Phänomene des Karstes erläutern, führt hinunter zum Schluckloch, durch das der Fluss Pazinčica in den Untergrund strömt. *Lehrpfad Juni–Sept. Di–So 10–19 Uhr | Eintritt 30 Kuna | Tel. 091 5 12 15 28 | www.pazinska-jama.com*

ESSEN & TRINKEN/ÜBERNACHTEN

LOVAC ⚜

Die gutbürgerliche kroatische Küche schmeckt solide, die tolle Panoramaterrasse hoch über der Schlucht ist der Hit. *Tgl. | Šime Kurelića 4 | Tel. 052 62 43 24 | €*

OGRADE

Kaloriennachschub gibt es 10 km außerhalb: In diesem sympathischen Agrotourismus schmort das Fleisch in der *peka*, der Schmorglocke, in der offenen Glut. *Lindarski Katun 60 | Tel. 052 69 30 35 | € | auch 6-Pers.-Bungalow und 1 Apt. | €€*

FREIZEIT & SPORT

INSIDER TIPP ZIP LINE PAZINSKA JAMA

Schwindelfreiheit vorausgesetzt, geht es sicher festgezurrt auf einem Flying Fox über die Schlucht von Pazin. *Mai–Sept. tgl. 10–19 Uhr | 160 Kuna | Tel. 091 5 43 77 18 | zipline.pazin@gmail.com | short.travel/kki5*

AUSKUNFT

TOURISMUSVERBAND ZENTRALISTRIEN

Trg Velog Jože 1 | Tel. 052 62 24 60 | www.central-istria.com

ZIELE IN DER UMGEBUNG

BERAM (141 D6) (*G5*)

Schaurig-schön: Hinter einem Skelett tanzen Bischof und Bauer in Reih und Glied den berühmten Totentanz im Kirchlein ⭐ *Sv. Marija na Škriljinah*, 6 km nordwestlich von Pazin, am Ortsrand von Beram. Die Fresken in dem gotischen Gotteshaus gelten als eines der Highlights in Istrien. 1474 hatte der regional berühmte Meister Vincent von Kastav die Inspiration dazu. Er machte gemeinsame Sache mit zwei Kollegen. Das ist nicht nur ziemlich bunt, sondern auch ziemlich genial! Eine Führerin *(bei Haus Nr. 38 klingeln)* schließt die Kirche auf und erläutert die Bilder: *(20 Kuna | Tel. 052 62 29 03)*.

POREČ

INSIDER TIPP ZAREČKI KROV
(141 D6) *(M G5)*

Packen Sie einen Picknickkorb und vergessen Sie die Badesachen nicht! Ein Stück die Pažincica flussaufwärts verbirgt sich ein richtiges Idyll zwischen Bäumen und Feldern: Der Fluss sprudelt (oder sickert, je nach Wasserstand) hier über eine 8 m hohe Felsstufe in einen kleinen, 15 m tiefen See. Aus Pazin fahren Sie auf der Ausfallstraße in Richtung Nordosten (Cerovlje). Direkt nach der Bahnüberführung und dem Ortsschild führt links eine Schotterstraße zum See.

POREČ

KARTE IM HINTEREN UMSCHLAG
(144 A1) *(M E5)* **Jetzt nur nicht wackeln: Das müssen sich die altrömischen Bauherren gedacht haben, als sie die Altstadt von Poreč (fast wie) mit dem Lineal gezeichnet haben. Das antike Pflaster ist überaus lebendig: Darauf wird geshoppt, gelacht und gebummelt – ein wunderbarer Kontrast.**

Nach Poreč (18 000 Ew.) wollen alle, jedenfalls gefühlt zumindest am Abend, wenn Parkplätze wie ein Lottogewinn wiegen. Aber früh morgens ist die Stadt auch wundervoll. Während viele Urlauber ausschlafen, trinken die Einheimischen schon ihren Espresso in der Altstadt und die Fischer vertäuen ihre Boote gerade, denn Poreč ist nicht nur eine der größten Ferienregionen Istriens, sondern auch eine ganz normale, lebhafte Hafenstadt. Wären da nicht der römische Grundriss und der von der Unesco ins Welterbe aufgenommene Komplex um die Euphrasius-Basilika …

SEHENSWERTES

DECUMANUS/TRG MARAFOR
Da stehen Sie nun, auf der Hauptgasse *Decumanus*, haben in den vielen kleinen

Quirliges Leben auf antiker Basis: Poreč' Altstadtgassen sind nach römischem Grundriss angelegt

KROATISCH-ISTRIEN

Geschäften gestöbert, einen Blick in die Restaurants geworfen – und nun? Finden Sie nicht mehr aus der Altstadt heraus? Kein Problem: Der Decumanus, der noch wie in römischer Zeit heißt, verläuft quer durch die Innenstadt. Die übrigen Straßen kreuzen ihn rechtwinklig oder begleiten ihn parallel. Merkpunkte sind auch die schönen Palazzi (16./17. Jh.), etwa der barocke *Sinčić-Palast (Decumanus 9)*, in dem eigentlich das Stadtmuseum untergebracht ist, das aber schon seit Jahren umgebaut wird. Achten Sie links auf das *Gotische Haus (gotička kuča, 15. Jh.)* und rechts auf das *Romanische Haus (romanička kuča, 13. Jh.)* im Park Matije Gupca. Mit Außentreppe und umlaufendem Holzbalkon hat das doch irgendwie Romeo-und-Julia-Romantik, oder? Der Decumanus führt zum *Trg Marafor,*, dem alten römischen Forum. Dort sind noch die antiken Grundmauern geblieben, die von *Neptun- und Jupitertempel* stammen.

EUPHRASIUS-BASILIKA ★

So viel Glitzer, Pomp und Baukunst – das müssen Sie einfach gesehen haben! Nicht umsonst gilt die dreischiffige Euphrasius-Basilika als eine der bedeutendsten Kirchenkomplexe in Kroatien. Beeindruckend, wie gut sich die goldgelb glänzenden Mosaiken – mit Christus als Weltenrichter – in der großen Apsis erhalten haben. Perlmutt, Glas und Edelsteine glänzen um die Wette. Bischof Euphrasius hat das Gotteshaus schon Mitte des 6. Jhs. in Auftrag gegeben, seither wurde kaum etwas verändert. Sicher, es wurde angebaut: Mit der Zeit kamen Baptisterium und Bischofspalast hinzu. Wenn Sie neben aller Kultur auch was für Ihre Fitness tun wollen, dann ab auf den ❋ Glockenturm! Oben – mit Rundumblick auf Altstadt und Meer – lassen Sie einfach alles auf sich wirken. *April–Okt. tgl. 9.30–18, Juli/Aug. 9–21 Uhr | Eintritt 40 Kuna*

ESSEN & TRINKEN

ICE BOX

Wo gibt's das beste Eis von Poreč? Natürlich an diesem eisblauen Kiosk an der Uferpromenade! *Nur im Sommer | Obala Ante Šonje 1*

KONOBA ĆAKULA

Meer trifft Land: Sie haben die Wahl. Fischeintopf oder doch lieber ein Steak mit Waldpilzen? In der freundlichen *konoba* schmeckt beides lecker. *Tgl. | Vladimira Nazora 7 | Tel. 052 42 77 01 | www.konobacakula.com | €€€*

MAURO ❋

Schnörkellose Fischküche mit Crossover-Ausflügen: Das gibt es in diesem Hotelrestaurant an der Uferpromenade. Der Ausblick ist im Preis inbegriffen. *Tgl. | Obala M. Tita 15 | Tel. 052 2195 00 | www.hotelmauro.com | €€–€€€*

NIKI'S BISTRO

Einheimische sind ja immer ein gutes Zeichen dafür, dass es im Restaurant schmeckt. Und Italiener in einer kroatischen Pizzeria erst recht. Die leckere Pizza ist kross und dünn – so wie in Italien. Das Bistro serviert aber auch istrische Küche und ist unglaublich nett zur Urlaubskasse. *Tgl. | Cardo Maximus 9 | Tel. 052 43 53 21 | www.bistro-niki.com | €–€€*

EINKAUFEN

ARS NATURA

Der Fokus liegt auf Kunsthandwerk. Delikatessen nehmen nur ein Regal ein mit Trüffeln, Öl und Marmelade. Alles so schön bunt! Handgemachte Bilder, Seifen, Puppen. *Cardo Maximus 4*

POREČ

FREIZEIT & STRÄNDE

Ahoi! Zum Baden fahren Sie mit dem Boot auf die vorgelagerte *Insel Sv. Nikola* – mit Altstadtpanorama *(Taxiboot | 20 Kuna)*. Trendy sind Seadoo-Jet-Skis mit GPS-Steuerung, Tubes, Bananaboats und Flyboards, mit denen Sie 10 m über dem Wasser schweben *(www.jetskiporec.com)*.

FAHRRADFAHREN

Die buchtenreiche Küste um Poreč ist ideal für Fahrradausflüge. Räder vermietet u. a. *Fiore tours (Mountainbikes 165 Kuna, Rennräder 210 Kuna oder E-Bikes 265 Kuna pro Tag | M. Vlašića 6 | Tel. 052 43 13 97)*. Informationen zu empfehlenswerten Routen sind beim Tourismusverband kostenlos erhältlich.

TAUCHEN

Tauchen lernen Sie im *Diving Center Poreč (Brulo 4 | Tel. 052 43 36 06 | www.divingcenter-porec.com)*. Schnuppertauchen und geführte Schnorchelausflüge sind auch im Angebot.

AM ABEND

BYBLOS

Dance- und Trance-Musik müssen Sie schon mögen, um in diesem Großclub wirklich gut zu chillen. *Nur im Sommer | Zelena Laguna 1 | www.byblos.hr*

SAINT & SINNER

In diesem Club lümmelt man tagsüber in Korbsesseln mit Blick aufs Meer und tanzt nachts zu coolen Electro-Beats. *Obala M. Tita 12 | www.saint-sinner.net*

TORRE ROTONDA

Ein alter Wehrturm, ein romantischer Blick auf die Altstadt, eine Dachterrasse und der astreine Sonnenuntergang – das sind perfekte Zutaten für einen Sundowner! *Narodni trg 3a | www.torrerotonda.com*

ÜBERNACHTEN

PALAZZO

Was der Boheme schon vor 100 Jahren gefiel – ein elegantes Haus mit tollem Buchtblick – ist heute bei Pärchen sehr beliebt. *78 Zi. | Obala M. Tita 24 | Tel. 052 85 88 00 | hotel-palazzo.hr |* €€

VALAMAR RIVIERA

Sorry, Kids. Da liegt dieser schicke Hotelkasten schon so dicht am Hafen, wo man toll Boote gucken könnte – und dann dürfen nur die Großen hier übernachten. Noch gemeiner: Die werden auch noch kostenlos mit dem Boot zum Privatstrand auf der Insel Sv. Nikola geschippert. *105 Zi. | Obala M. Tita 15 | Tel. 052 46 50 00 | www.valamar.com |* €€€

AUSKUNFT

TOURISMUSVERBAND POREČ

Zagrebačka 9 | Tel. 052 45 14 58 | www.myporec.com

ZIELE IN DER UMGEBUNG

LIM-KANAL (LIMSKI ZALJEV)
(144 A–B2) (*E6*)

Ein Fjord wie in Norwegen? Zumindest wirkt der 9 km lange Meeresarm, der sich ins Landesinnere zieht, genau so. Türkisblaues Wasser, aus dem bis zu 100 m hohe grüne Hänge aufsteigen. Ideale Kulisse für einen Wikingerfilm, der hier tatsächlich in den 1960er-Jahren gedreht wurde. Das Attrappendorf ist zwar schon weg, aber die Namen der Restaurants *Viking (€€)* und *Fjord (€€)* erinnern noch daran: Statt rotbärtiger Wikinger stoppen dort allerdings Reise-

KROATISCH-ISTRIEN

Das Hafenstädtchen Vrsar lockt viele Besucher an – auch Giacomo Casanova war schon hier

busse für frische Austern und Muscheln, die direkt aus dem Kanal kommen. In der Piratenhöhle vor der steilen Felswand haben Sie einen guten Blick auf den Kanal. Sie fahren am bequemsten mit ☼ Ausflugsbooten *(ab 200 Kuna/Pers.)* dorthin, die ab allen touristischen Orten in der Nähe ablegen. So bietet sich Ihnen nicht nur ein toller Ausblick vom Meer aus, sondern Sie umgehen die (Hochsommer-)Autokolonne rund um die Kanalstraße. Vielleicht sehen Sie sogar Delphine. *19 km südöstlich*

VRSAR & FUNTANA (144 A2) *(E6)*

Der Comic-Gallier Obelix wäre in den beiden Hafenstädtchen, 7 bzw. 10 km südlich, nur fast im siebten Himmel, denn überall drehen sich Spanferkel vor den Restaurants, keine Wildschweine. Aber in der Umgebung warten tolle Strände, etwa die weite Kiesbucht *Valkanela* vor dem gleichnamigen Campingplatz. Oder der ☼ Strand auf der Landzunge *Montraker*: Der ist nicht nur wegen des Blicks auf die Altstadtsilhouette beliebt, sondern auch wegen der Beachpartys, die hier laufen. Gute Burger und Steaks serviert die *Beach Bar Orlandin (Montraker | Tel. 091 144 14 09 | www.orlandin.eu | €)*.

PULA

KARTE IM HINTEREN UMSCHLAG
(144 C5) *(F8)* Pula, an der Südspitze der Halbinsel, ist die urbanste Stadt Istriens und ziemlich hip: Studenten treffen sich zu Jamsessions in Clubs, Werftarbeiter sind stolz auf ihre Lightshow-Kräne und Weltstars singen im antiken Amphitheater, dem Glanzlicht von Pula, dass die antiken Mauern zittern.

Als Kriegshafen kam Pula (57 000 Ew.) unter der K.-u.-k-Monarchie im 19. Jh. eine große strategische Bedeutung zu – heute verfallen die ehemals 28 Festungen, die die Stadt damals sicherten, oder sie werden zweckentfremdet, z. B. als Aquarium, genutzt.

PULA

> **CITY WOHIN ZUERST?**
> *Forum*: Lassen Sie Ihr Fahrzeug stehen und gehen Sie zu Fuß in die verkehrsberuhigte Innenstadt! Parken können Sie entlang der Uferpromenade Riva. Das *Forum* eignet sich als Ausgangspunkt für einen Rundgang durch die Altstadt. Das Amphitheater liegt etwas abseits, ist von dort aber gut zu Fuß erreichbar. Einen guten Überblick bekommen Sie im Hop-on-hop-off-Bus *(100 Kuna/24 Std. | www.pulacitytour.com)*.

SEHENSWERTES

AMPHITHEATER (AMFITEATAR) ★
Wie ein großes Oval liegt das römische Amphitheater da. Durch die 30 m hohen Mauerbögen auf 3 Etagen blinzelt die Sonne hindurch. Mächtige Steinblöcke ziehen sich zu Sitzreihen nach oben. So winzig müssen sich die Gladiatoren zu römischen Zeiten gefühlt haben, als sie vor bis zu 23 000 Zuschauer auftraten! Studenten in Römersandalen führen Urlauber durch die alten Mauern und erzählen: etwa, dass die Arena – die von den Einheimischen nur so genannt wird – die sechstgrößte ihrer Art weltweit ist. Oder von Kaiser Augustus, der mit dem Bau begonnen hatte, als Pula noch unter römischer Herrschaft war (177 v. Chr. bis ins 5. Jh. hinein). Nette Geste: Kaiser Vespasian ließ den Bau fertigstellen, größer als geplant, denn schließlich stammte seine Geliebte aus Pula. Da ließ er sich nicht lumpen! Geschmack hatten die Römer nicht nur baulich: Davon zeugen die antiken Amphoren, in denen Olivenöl und Wein aufbewahrt wurden. Zu sehen gibt es die Funde in den unterirdischen Räumen, wo sich die Gladiatoren und wilden Tiere auf ihren Auftritt vorbereitet haben. *Nov.–März tgl. 9–17, Okt. 9–19, April 8–20, Mai, Juni, Sept. bis 21, Juli/Aug. bis 24 Uhr | Eintritt 50 Kuna | Scalierova Ul. 30*

FORUM & ALTSTADT
Die alten Römer hatten vermutlich nicht so gemütliche Straßencafés, doch das einstige Forum war schon damals der zentrale Treffpunkt. Die Show auf dem Platz gehört dem 2000 Jahre alten *Augustustempel*. Am Abend, wenn die Fassade mit ihren schlanken korinthischen Säulen angestrahlt wird, wirkt der Tempel besonders stimmungsvoll. Ein Foto ist dann ein Muss. Die Straßen *Kandlerova* und *Sergijevaca* umrunden den Hügel, der sich über dem historischen Zentrum erhebt. Kopf runter in der Sergijevaca ulica, in der es das tolle römische *Dirke-Bodenmosaik* zu sehen gibt. Wenige Meter weiter haben römische Bodenfundamente das sogenannte *Agrippina Haus* (1. Jh.) berühmt gemacht. Am Ende der Straße

KROATISCH-ISTRIEN

ist er schließlich erreicht: der mächtige *Triumphbogen der Sergier* (1. Jh.), mit feinen Steinmetzarbeiten verziert. An Sommerabenden finden nebenan tolle Konzerte und Performances statt. Kurz vorm Bogen links wartet noch jemand auf seinen Espresso: Der Ire James Joyce oder besser: seine moderne Skulptur sitzt am Cafétisch – der Schriftsteller hat 1904/05 in Pula gelebt. *Forum Mai/Juni Mo–Fr 9–21, Juli/Aug. Mo–Fr 9–22, Sept. Mo–Fr 9–20, Sa/So jeweils 9–15 Uhr | Eintritt 10 Kuna*

INSIDER TIPP GALERIE HEILIGE HERZEN (SVETA SRCA)

Damenunterwäsche als Installation in einer Kirche? Das klingt nach einem waschechten Skandal. Aber nur fast, denn das 1908 errichtete vanilleeisgelbe Gotteshaus wurde umgebaut und ist nun Pulas Hotspot für zeitgenössische Ausstellungen, u. a. zu Mode. *Mai/Juni 9–21 Uhr, Juli/Aug. 9–23 Uhr | Eintritt 20 Kuna | De Villeov uspon 8*

LIGHTNING GIANTS (LEUCHTENDE GIGANTEN)

Ganz schön trist, die hohen Kräne der Werft Uljanik. Ein Farbrausch musste her! Die Erleuchtung hatte Lichtdesigner Dean Skira: Er brachte 73 Scheinwerfer an, die für eine tolle Lightshow sorgen. *Im Sommer 21–24 Uhr, zu jeder vollen Stunde, im Winter früher, Dauer: etwa 15 Min.*

ESSEN & TRINKEN

KUNSTCAFÉ CVAJNER

Eingerichtet mit Sperrmüllmöbeln und Kunst an den Wänden. Lebenskünstler dominieren die Kunstschaft – das Kunstcafé ist ein Erlebnis und abends ein beliebter Treff in der Stadt. *Tgl. | Forum 2 | Tel. 052 2165 02 | €*

MILAN

Als Milan vor 50 Jahren anfing, trugen die Restaurants noch die Vornamen ihrer Inhaber. Der Name ist geblieben, die Fischküche wurde immer feiner und

Wo früher Gladiatoren kämpften, heizen heute Weltstars bei Konzerten ein: Pulas Amphitheater

PULA

kickt heute in der Top-Liga istrischer Slow-Food-Tempel. *Tgl. | Stoja 4 | Tel. 052 30 02 00 | www.milanpula.com | €€€*

SHANTI RAW BITE
Fleischloses kommt hier nur roh auf den Tisch. Klingt fad, ist es aber nicht. Im Trend sind leckere Gemüsepizza und nussige Energieriegel. *Mo–Fr 9–17 Uhr | Ul. Dubrovačke bratovštine 27 | Tel. 052 35 61 74 | €*

EINKAUFEN

INSIDER TIPP MARKT (TRŽNICA)
Das Gebäude an sich, die 1903 erbaute Markthalle mit nostalgischem Glas-Metall-Jugendstil-Schick, ist schon einen Besuch wert. Drinnen lässt sie sich auch nicht lumpen. Da geht es hoch her: Lebhaft fliegen die Wortfetzen durch die nostalgische Markthalle. Fischer liefern ihre Kisten ab, farbenfrohes Obst sorgt für gute Laune. *Mo–Sa vormittags | Narodni trg*

PETIT
Sympathische Buchhandlung mit großem Landkartensortiment und hübschen Souvenirs. *Kandlerova 24 | www.petit-books.com*

AM ABEND

JAZZ BAR FIORIN
Zu Jamsessions und Konzerten geht es in der mit zahllosen Jazzbildern dekorierten Bar richtig hoch her. *Sergijevaca 24*

PIETAS JULIA
Ein angesagter Club mit Bar und Pizzeria. Hier treffen sich die jungen Städter zu diversen Themenpartys bei Musik von Pop bis Elektro. *Riva 20 | www.pietasjulia.com*

ÜBERNACHTEN

AMFITEATAR
In den lindgrün-beigen, modernen Zimmern ist immer Frühling. Sie können sogar die Schritte bis zum Amphitheater zählen, so nah ist es. *18 Zi. | Amfiteatarska 6 | Tel. 052 37 56 00 | www.hotelamfiteatar.com | €€*

VELANERA
Der Mix passt: für's Auge mit istrischem Landhausstil außen und hypermodernen Zimmern innen. Und für den Magen exzellente Feinschmeckerküche. 8 km südöstlich von Pula. *13 Zi. | Franja Mošnja 3b | Šišan bei Ližnjan | Tel. 052 30 06 21 | www.velanera.hr | €€€*

AUSKUNFT

TOURISMUSVERBAND PULA
Forum 3 | Tel. 052 219197 | www.pulainfo.hr

ZIELE IN DER UMGEBUNG

BRIJUNI-ARCHIPEL (144 B4) (*F 8*)
Ein echter Lieblingsort, keine Frage: Der jugoslawische Präsident Josip Broz Tito verlegte seine Sommerresidenz von 1954 bis 1979 auf das Inselarchipel und lud sich Stars und Sternchen ein, etwa Hollywood-Diva Sophia Loren, für die er gerne Pasta kochte. An Tito erinnert ein Museum auf der größten der 14 Inseln, *Veli Brijun*, mit nostalgischen Fotos. Davor wartet sein blitzblank polierter Cadillac auf Spritztouren. Die meisten Touristen werden allerdings mit der Bimmelbahn über die Insel gekarrt, zum *Safaripark* mit den vierbeinigen „Staatsgeschenken", die Tito bekam, etwa Elefant und Zebras. Die Landschaft ist herrlich, überall grasen Rehe, römische Ruinen einer *villa rustica* oder im Sandstein ver-

KROATISCH-ISTRIEN

steinerte Dinosaurierspuren tauchen auf. Der Ausflug mit Exkursion startet im Hafen von Fažana (im Sommer am besten reservieren). Oder Sie packen einfach Badesachen ein, **INSIDER TIPP** leihen sich an der Anlegestelle in Brijuni ein Fahrrad *(35 Kuna/Std.)* und erkunden die Insel auf eigene Faust. *Ausflug je nach Saison ab 150 Kuna | Brionska 10 | Tel. 052 52 58 88 | Fahrplan unter www.np-brijuni.hr*

FAŽANA (144 B4) (*F8*)

Zwei Gründe, warum Sie in das Städtchen, 9 km nördlich gelegen, müssen: Hier legen die Ausflugsschiffe nach Brijuni ab, und wer einen Platz an Bord ergattert, schaut auf die hübschen bunten Fassaden an der Uferpromenade zurück. Der zweite Grund klappt nur in der Vor- und Nachsaison, wenn die Reisegruppen wieder weg sind: ruhige Ferien an der buchtenreichen Küste, mit dem Fahrrad ins Hinterland radeln und die Olivenhaine entdecken. Als Unterkunft empfiehlt sich die zauberhafte *Villetta Phasiana (18 Zi. | Trg Sv. Kuzme i Damjana 1 | Tel. 052 52 05 58 | www.villetta-phasiana.hr | €€)*. Gemütlich sitzt man in der *Stara Konoba Feral (tgl. | Boraca 11 | Tel. 052 52 00 40 | €)* auf rustikalen Holzbänken mit Blick auf Kirche und Hafen. Zu istrischem Wein schmecken Wildgerichte ebenso gut wie fangfrischer Fisch.

MEDULIN & HALBINSEL KAMENJAK
(144 C5–6) (*G8–9*)

Wie wär's mit einem Digital-Detox-Tag? In den ehemaligen Dörfern *Medulin*, *Premantura* und *Banjole* an der buchtenreichen Felsküste der Südspitze Istriens lässt sich nämlich gut entspannen. Campingplätze, Hotelanlagen und sogar der vermutlich beste Sandstrand Istriens, Bijeca in Medulin – alles da. Premantura gilt als Hotspot für Windsurfer. Die meisten Hotels wie das komfortable *Park Plaza Belvedere Medulin (190 Zi. | Tel. 052 57 20 01 | €€€)* und Camps wie *Runke (247 Stellplätze | Tel. 052 57 50 22 | €)* gehören zum Unternehmen *Arenaturist (www.arenaturist.com)*. Windsurfkurse und -ausrüstung bietet das *Windsurfcenter Premantura (Camping Stupice | Tel. 091 5 12 36 46 | www.windsurfing.hr)* an. Hier können Sie auch ● Fahrräder *(30 Kuna/Std.)* oder Kajaks *(40 Kuna/Std.)* leihen, um die Halbinsel Kamenjak *(40 Kuna Maut/Auto)* zu erkunden. Die 14 km² große, schmale Landzunge steht

Die Dinos im Brijuni-Archipel wollten auch nur eines: ans Meer

RABAC & LABIN

Weitblick vom Bergdorf Labin – bei gutem Wetter scheint die Insel Cres zum Greifen nah

unter Naturschutz, weil hier u. a. seltene Orchideen wachsen. Die *Safari Bar* an ihrer Südspitze gilt mit ihrem originellen Retro-Schnickschnack als beliebter Treff zum Sonnenuntergang.

INSIDER TIPP UNTERWASSERPARK VERUDELA () (*m*)

Radfahren unter Wasser? Taucher bekommen einen 40 Kilo schweren Helm auf, sitzen auf einer Bank auf dem Meeresgrund, schauen sich Wracks an. Eine Vision? Nein, Realität im Unterwasserpark, 4 km südlich von Pula. *Mitte Juni–Mitte Sept. 10–19 Uhr | Eintritt 200 Kuna inkl. Fotos und Videoaufnahmen*

VODNJAN (144 C4) (*m F7*)

Hätte Vodnjan (ca. 6100 Ew.), 12 km nördlich von Pula, nicht seine mumifizierten Heiligen aus dem 12., 14. und 15. Jh. – es wäre nur eins der vielen landeinwärts liegenden istrischen Städtchen, die sich um ihre Hauptkirchen, im Fall von Vodnjan *Sv. Blaž*, scharen. Doch nun mischt die örtliche Kunstavantgarde Vodnjan auf: Dazu wurde eine alte Apotheke zu einer angesagten kleinen Szenegalerie umgebaut: *Apoteka (Eintritt frei | Trgovačka 20 | www.apotekapsu.hr)*. Etwas ganz Besonderes ist auch das liebevoll gestaltete ۞ *Ökomuseum (Sommer 8–22 Uhr | Eintritt frei | Narodni trg | www.istrian.org)* am Hauptplatz, das sich für nachhaltige Olivenöl- und Weinbautraditionen einsetzt und das sehr sympathisch vermittelt. Falls Ihnen eine Eselkutsche im Ort begegnet: Die Ausritte füllen die klamme Museumskasse.

RABAC & LABIN

(145 D–E2) (*m H6*) Zwei, die nicht unterschiedlicher sein könnten: Oben auf dem Berg, in 320 m Höhe das historische Bergbaustädtchen ۞ Labin mit steingepflasterten Gassen – Achtung:

KROATISCH-ISTRIEN

Gift für High Heels – und Panoramablick. Und unten, im modernen Ferienort Rabac an der Küste streifen Sie vermutlich erst mal die Flip-Flops ab, um es sich am Strand bequem zu machen.

Auch die Geschichte ist unterschiedlich: In Labin, dessen Untergrund von Stollen durchzogen ist, probten die Bergarbeiter 1921 den Aufstand: Sie riefen die „Republik Labin" aus, die allerdings nach nur 36 Tagen von den damaligen italienischen Machthabern blutig niedergeschlagen wurde. Heute inszenieren lokale Künstler die „Labin Art Republik" jeden Sommer als Hommage an die alte Bergbautradition, allerdings mit zeitgenössischer Kunst und coolen Performances. Rabac hingegen war früher ein ruhiges Fischerdorf, ehe Hotels, Ferienanlagen und Co. alles aufmischten, und ist heute Lieblingsort von Badenixen und Windsurfern.

SEHENSWERTES

ALTSTADT VON LABIN
Farbenfrohe venezianische Fassaden, steile Treppenwege, Cafés und ein toller Ausblick vom 35 m hohen venezianischen INSIDERTIPP *Stadtturm* (Ostern–Sept. tgl. 9–14, 15–20 Uhr | Eintritt 7 Kuna), der bei klarem Himmel bis zur Insel Cres reicht – das sind die Gründe für einen Trip in die recht ursprüngliche Altstadt. Am Hauptplatz *Titov trg* rangieren Autos in steile Parklücken, hinter Zeitungen wird Cappuccino geschlürft, in der *Renaissanceloggia* manchmal Trödel verkauft. Ab durchs *Stadttor Sv. Flor*, die breite Treppengasse zum rostroten *Palazzo Battiala-Lazzarini* (1717) hinauf, wo heute das *Stadtmuseum (Sommer Mo–Fr 10–13, 17–19, Sa 10–13, Winter Mo–Fr 7–15 Uhr | Eintritt 15 Kuna | Ul. 1. Svibnja 6)* ist. Dort müssen Sie unbedingt in den Keller! Denn Sie landen in einem alten begehbaren Kohlebergwerkstollen, der Ihnen ein Gefühl vom Leben der Labiner Kumpels vermittelt.

ESSEN & TRINKEN

LINO 1
Feine Fischgerichte, den freundliche Service und den Blick von der Restaurantterrasse über den kleinen Hafen von Rabac sollten Sie nicht verpassen. *Tgl. | Obala M. Tita 59 | Rabac | Tel. 091 15 76 3 13 | €€*

NOSTROMO
In diesem traditionsreichen Restaurant wird auf hohem Niveau gekocht und werden Raritäten wie *fuži* mit Sardellen und Stockfisch serviert. Es gibt auch sechs gemütliche Gästezimmer. *So geschl. | Obala M. Tita 7 | Rabac | Tel. 052 87 26 01 | www.nostromo.hr | €€–€€€*

LOW BUDGET

An Gourmetrestaurants herrscht in Novigrad kein Mangel. Aber wo einfach und preiswert essen? Bei *K Ribaru (tgl. 7–21 Uhr | Mandrač 29b)*, wo die gegrillten Mini-Ährenfischchen *girice* für 25 Kuna auf dem Teller landen.

Fresh (tgl. | Anticova 5 | Pula | Tel. 052 41 88 88) – der Name ist Programm: Sandwiches und Salate werden frisch zubereitet und reißen keine tiefen Löcher in den Geldbeutel.

Das kunterbunt eingerichtete Hostel *Pipištrelo (7 Zi. | Flaciusova 6 | Tel. 052 39 35 68)* in Pula ist günstig, liegt nahe dem Hafen und wird nett geführt.

ROVINJ

VELO KAFE
Das Lokal ist nicht so sehr wegen der besonderen Qualität des Essens als vielmehr wegen der geselligen Stimmung zu empfehlen. *Tgl. | Titov trg 12 | Labin | Tel. 052 85 27 45 | €–€€*

FREIZEIT & STRÄNDE
Die Kies- und Felsbuchten um Rabac sind teils mit Beton und Leitern badefreundlich gestaltet. Zu den beliebten Stränden zählen *Girandella* und *Maslinica*.

TAUCHEN
Mit den Tauchlehrern des *Lamkra Divecenter (Rabac BB | Tel. 099 6 55 54 55 | www.rabacdiving.com)* geht's zum Wracktauchen. Auch Schnuppertauchen und Kurse sind im Angebot.

AM ABEND
Im Sommer ist der *Girandella Beach* Treffpunkt der jungen Party-People.

ÜBERNACHTEN

INSIDER TIPP ADORAL HOTEL & APARTMENTS
Wer eine moderne, puristische Ausstattung schätzt, ist hier goldrichtig. Das Designhotel direkt an der Uferpromenade von Rabac ist ein ästhetischer Genuss. *11 Suiten u. Apts. | Obala M. Tita 2a | Rabac | Tel. 052 53 58 40 | www.adoralhotel.com | €€€*

VILLA ŠTEFANIJA
Die 15 km entfernte, in hellen, freundlichen Farbtönen eingerichtete Villa über der Raša-Bucht ist eine Unterkunft für Individualisten. Auch das Restaurant ist empfehlenswert. *6 Zi. | Puntera 8d | Barban | Tel. 052 56 70 75 | www.stefanija.com | €€*

AUSKUNFT

TOURISMUSVERBAND LABIN/RABAC
Titov trg 2/1 | Labin | Tel. 052 85 23 99 | www.rabac-labin.com

ZIEL IN DER UMGEBUNG

STANCIJA KUMPARIČKA
(145 D4) (*m G7*)
Aleš Winkler züchtet in seinem Ökobetrieb Ziegen und stellt aus deren Milch delikaten Käse her, den Besucher dort verkosten und auch kaufen können. Telefonische Anmeldung erbeten. *Krnica | Tel. 099 6 69 06 92 | www.kumparicka.com | 28 km südwestlich von Labin*

ROVINJ

KARTE IM HINTEREN UMSCHLAG
(144 A2–3) (*m E6*) **Keine Frage: Die Altstadt von ⭐ Rovinj auf der tropfenförmigen Landzunge ist Istriens Fotomotiv schlechthin. In konzentrischen Kreisen umrunden die schmalen Gassen den Hügel mit der Kirche Sv. Eufemija, von deren Turmspitze die Bronzestatue der hl. Euphemia zuverlässig das Wetter vorhersagt. Schaut sie landeinwärts, wird es gut!**

Rovinj (15 000 Ew.) ist ein Ort für alle: für die Einheimischen, für Reisende, für Künstler. Highlight ist die *Grisia (So. im Aug.)*, eine Open-Air-Ausstellung, bei der jeder mitmachen darf: Einfach sehr früh morgens beim Tourismusverband anmelden, eigene Bilder in der Künstlergasse *Grisia* aufhängen und bestaunen lassen.

SEHENSWERTES

ALTSTADT
Ein Ort wie im Bilderbuch! Schmale Gassen mit bunten Häusern schlängeln sich

KROATISCH-ISTRIEN

vom *Trg M. Tito* am Hafen – mit venezianischem Uhrturm – durch den barocken *Balbi-Bogen*. Sie führen den Hang hinauf, fast fühlen Sie sich ein wenig an das Künstlerviertel Montmartre in Paris erinnert. Ziellos herumschlendern, sich treiben lassen, einen Blick in Seitengassen und Hinterhöfe werfen – so entdecken Sie auch die stillen Winkel von Rovinj. Dort ein paar Souvenirs anschauen, einen Espresso im Schatten alter Natursteinhäuser schlürfen – das ist Urlaub im wohl schönsten istrischen Städtchen.

INSIDER TIPP ALTSTADTPANORAMA

Den besten Blick auf die Altstadt mit ihren bunten Häusern zu Füßen der Kirche haben Sie am Platz *Trg Brodogradilišta*, wo die Uferpromenade *Obala Alda Negrija* zum Hafenbecken abknickt.

ETHNOGRAFISCHES MUSEUM BATANA (EKO-KUCÁ O BATANI)

Wenn die Fischer früher aufs Meer rausfuhren, brauchten sie zwei Dinge: eine *batana*, das für Rovinj typische hölzerne Fischerboot und eine gute Stimme, um den vielstimmigen Chorgesang, *bitinada*, anzustimmen. Heute sind eher Außenbootmotor und Musikflat gefragt. Ihre hölzerne Batana lieben die Rovinjer noch immer, ihr haben sie ein eigenes Museum gewidmet, vor dem das Schiff im Sommer nachgebaut wird. Das moderne und nachhaltige Konzept war sogar der Unesco eine „best practise"-Auszeichnung wert. *Juni–Aug. tgl. 10–13, 19–23, sonst Di–So 10–16 Uhr, Mai/Sept. Di–So 10–13, 18–21, Dez.–Feb. nach Voranmeldung | Eintritt 20 Kuna | Obala P. Budićina 2 | www.batana.org*

SV. EUFEMIJA

Ganz oben auf dem Altstadthügel angekommen sollten Sie einen Blick in die Pfarrkirche werfen. Euphemia ist die Stadtpatronin, die als Märtyrerin gilt: Ihr Sarkophag wurde um 800 in Rovinj an Land gespült. Wer in der Sommerhitze noch Ausdauer hat, nimmt die halsbrecherischen Stufen auf den 63 m hohen Kirchturm hinauf – nur für Schwindelfreie zu empfehlen. Aber: Die Aussicht auf das Meer und die Inseln ist einfach bombastisch!

Wenn Sie Pech haben, kleben Sie in Rovinj nur hinterm Fotoapparat

ROVINJ

ESSEN & TRINKEN

BLU
Entrées wie dreierlei Scampi aus der Kvarner-Bucht machen Lust auf Meer. Das kräuselt sich schließlich direkt vor dem Feinschmeckerlokal. *Nov.–März geschl., sonst tgl. | Val de Lesso 9 | Tel. 052 811265 | blu.hr | €€*

DA SERGIO
In Rovinjs vermutlich beste Pizzeria verirren sich auch italienische Touristen. Dünn, kross, groß, lecker! *Tgl. | Grisia 11 | Tel. 052 816949 | €–€€*

EINKAUFEN

In einem Meer an Ateliers, Galerien und Läden in der *Grisia-Gasse* gibt es reichlich Kitsch und Kunst. In der Parallelgasse näht Marija Šmit im INSIDER TIPP *Studio Marija (Vladimira Švalbe 63)* wunderschöne, fantasievolle Taschen.

FREIZEIT & STRÄNDE

Am ● *Baluota Beach* unterhalb der Euphemia-Kirche klettern Sie von Felsen und Betonplattformen ins Meer – besonders beliebt bei Einheimischen ist das INSIDER TIPP Nachtbaden dort. Der Weg ist beleuchtet, der Strand selbst nicht. Kiesstrände finden sich auf den vorgelagerten Inseln *Sv. Katarina* und *Sv. Andrija (Boote ab dem alten Hafen)*. Mit dem Fahrrad sind die Kies- und Felsstrände an der bewaldeten Halbinsel *Zlatni Rt* südlich bequem zu erreichen. Dort treffen sich auch Jogger und Romantiker – der Blick auf die Altstadt ist ziemlich cool.

FREECLIMBING

An der Spitze der Halbinsel *Zlatni Rt* kleben Klettersportler an einem ehemaligen venezianischen Steinbruch an einer etwa 20 m hohen, nahezu senkrechten Wand. Die wurde mit 80 zumeist leichten Routen erschlossen.

Noch mehr Meer? In Rovinj ist es besonders klar

KROATISCH-ISTRIEN

AM ABEND

Oft kopiert, nie erreicht: ● *Valentino (ab 18 Uhr | Svetog Križa 28),* eine Bar mit Sitzpolstern auf den Uferfelsen, und die Konkurrenz *La Puntulina (Do–Mo ab 12, Di/Mi ab 18 Uhr | Svetog Križa 38)* mit Tischen auf Felsplattformen und gutem Essen. Fackeln, Longdrinks und Loungemusik begleiten den schönsten Sonnenuntergang der Adria.

ÜBERNACHTEN

MONTE MULINI
Das moderne Haus über dem Yachthafen ist Rovinjs Topadresse, was Luxus und Komfort angeht. Das Hotelrestaurant Wine Vault gilt unter Gourmets als neuer kulinarischer Stern. *99 Zi. u. 14 Suiten | A. Smareglia 3 | Tel. 052 80 02 50 | www.maistra.com |* €€€

VILA LILI
Eigentlich könnte man den ganzen Tag in der netten Pension verbringen: beim Schmökern in der Bibliothek, in der Bar oder in der Sauna. Freundliche Zimmer, ruhige Wohnlage. *20 Zi. | A. Mohorovičića 16 | Tel. 052 84 09 40 | www.hotel-vilalili.hr |* €€

VILLA TUTTOROTTO
Romantik gefällig? Mit einem tollen Blick über den alten Hafen, mitten in der Altstadt? Dann ab in das stilvolle Haus aus dem 17. Jh. Hier fühlen Sie sich richtig pudelwohl! *7 Zi. | Dvor Massatto 4 | Tel. 052 81 51 81 | www.villatuttorotto.com |* €€–€€€

AUSKUNFT

TOURISMUSVERBAND ROVINJ
Obala Pina Budičina 12 | Tel. 052 811 5 66 | www.tzgrovinj.hr

ZIELE IN DER UMGEBUNG

BALE ☀ (144 B3) (*m F7*)
Nichts wie hin, bevor alle kommen: Das eher abseits liegende Städtchen (14 km von Rovinj entfernt) mit gerade 1300 Ew. muss früher einmal sehr bedeutend gewesen sein. Das demonstriert der mächtige *Palazzo Bembo* in der Ortsmitte. Hier trifft Gotik auf Renaissance. Außerdem verleihen ihm mehrere Türme einen wehrhaften Eindruck.

So ausgestorben Bale mancherorts wirkt – ◉ *Mon Perin,* eine Initiative engagierter Bürger, kämpft um die Wiederbelebung des Orts. Sie hat Häuser renoviert, kulturelle Veranstaltungen initiiert und eine Tourismusagentur *(www.monperincastrum.com)* gegründet.

Übernachten können Sie im charmanten Hotel *La Grisa (22 Zi. | La Grisa 23 | Tel. 052 82 45 01 | www.la-grisa.com |* €€*).* Auf jeden Fall sollten Sie im Hotelrestaurant die feinen Gerichte vom **INSIDER TIPP** istrischen *boškarin*-Rind probieren.

DVIGRAD ● (144 B2) (*m F6*)
Gut, es ist kaum etwas gesichert. Aber auf die wackeligen Steinmauern von Dvigrad wollten Sie ohnehin nicht hochklettern? Besser so. Bleiben Sie einfach auf den Trampelpfaden, die durch die mit Grün überwucherten Mauerruinen mit Wehrturm führen, etwa 20 km landeinwärts von Rovinj. Fantasy-Fans dürften entzückt sein von der Kulisse: Dvigrad wirkt nämlich wie ein verwunschenes, verlassenes Geisterdörfchen, das früher die vor den Osmanen von der südlichen Balkaninsel geflohenen Uskoken belagerten. Die Pest vertrieb die Menschen, 1714 überließ der letzte Bewohner die von Efeu umrankten Häuser, Kirchen und Palazzi der Natur – und den Urlaubern, die heute Selfies mit Romantik-Touch schießen.

KÜSTE KVARNER-BUCHT

Mildes Klima, schattige Promenaden, mediterrane Pflanzenwelt und Badeorte, in denen früher Könige und Kaiser zur Kur weilten, locken rund ums Jahr Feriengäste an die vor kalten Winden geschützte Küste der Kvarner-Bucht.

Einen Hort K.-u.-k.-seliger Nostalgie möchte man die Kvarner-Bucht nennen angesichts der vielen Reminiszenzen an die goldene Ära Ende des 19., Anfang des 20. Jhs., in der Adlige, Fürsten, Schriftsteller und Maler aus der Donaumonarchie nur ein Ziel kannten: den *Quarnerobusen* oder die *Littorale*. Mit dem Salonzug reiste man von Wien oder Budapest bis Rijeka, das damals Fiume hieß, weiter mit der Kutsche nach Abbazia (Opatija), Lauran (Lovran) oder Cirknenz (Crikvenica), wo luxuriöse Villen und Hotels die Herrschaften empfingen. Viele dieser Häuser sind erhalten, verliehen renoviert und luxuriös ausgestattet dem Küstenstrich seine elegante Atmosphäre. Feinschmecker sollten die berühmten Kvarner-Scampi und Edelkastanien aus Lovran probieren. Badefreuden verspricht die Kvarner-Küste mit schroffen Felsklippen, intimen Buchten und flach auslaufenden Feinkiesstränden.

CRIKVENICA

(143 D4) *(ɱ L6)* **Die Stadt ist nach der Kirche, crikva, benannt, die hier einst stand, und profitiert von zwei Pluspunkten: Die Bergkette des Gorski kotar schützt sie vor kalten Winden und be-**

Bild: Opatija mit Meerjungfrau-Skulptur

An der Littorale kurte bereits vor 120 Jahren die feine Gesellschaft der Donaumonarchie – jetzt sind Sie dran mit Genießen

sichert ihr ganzjährig ein ausgeglichenes Klima. Und sie besitzt einen langen Kies-Sand-Strand, ein Traum für felsgewohnte Kroatienurlauber!

Unter Habsburger Herrschaft zog es v. a. den ungarischen Adel hierher. Den heute glanzvoll restaurierten, neoklassizistischen Kurhotels und Villen verdanken Crikvenica (11 000 Ew.) und die Nachbarorte *Selce* und *Dramalj* an dem „Rivieria" genannten Küstenabschnitt ihr hübsches Ortsbild. Gegenüber erhebt sich die buchtenreiche Küstenlinie der Insel Krk –

ein faszinierender Anblick vor allem bei Sonnenuntergang! Die sanft ins Meer abfallenden Strände werden von Familien geschätzt.

ESSEN & TRINKEN

BURIN
Seit Jahren gilt das Burin als beste Adresse in Crikvenica; Fisch- und Fleischgerichte sind von hoher Qualität und kreativ zubereitet. *Tgl. | Dr. Ivana Kostrenčića 10a | Tel. 051 78 52 09 |* €€

CRIKVENICA

Festung Nehaj in Senj: Sie müssen da nicht rauf, Sie verpassen nur einen traumhaften Ausblick

FOOD FACTORY
Der schicke Schnellimbiss bereichert das übliche Burger- und Pommesprogramm mit Salaten und leckeren Sandwiches. *Tgl. | Strossmayerovo Šetalište 33 | Tel. 098 38 58 89 | €*

FREIZEIT & STRÄNDE

Eigentlich ist der feine Kies mit einigen sandigen Abschnitten richtig bequem, um sich am Stadtstrand *Gradsko Kupalište (Eintritt 15 Kuna)* zu aalen. Mindestens genauso verlockend ist allerdings auch der aktive Part: Beachvolleyballer, Parasailer und Bananaboat-Fans langweilen sich hier nicht. Wer sich lieber nahtlos bräunen möchte: Die 3 km lange, hübsche Uferpromenade führt auf die bewaldete *Halbinsel Kačjak* bei Dramalj, wo es viele FKK-Badebuchten gibt. Wer Herzklopfen hat, sollte zur Liebeswanderung aufbrechen. An zehn besonders schönen Orten kommt Romantik-Feeling auf. Entsprechende Schilder weisen darauf hin: „This is a good kiss spot". Dann los! Die Idee stammt vom italienischen *Künstlerkollektiv 0707*. Beim Tourismusverband gibt's eine Karte, auch zum Download: *www.rivieracrikvenica.com/en/kissing-map*.

ADRENALINPARK
Gleichgewichtssinn und Geschicklichkeit trainieren Sie in dem Hochseilgarten, der mit Routen zwischen 1 und 8 m Höhe für jeden Herausforderungen bereithält. *Im Sommer tgl. 9–22 Uhr | Eintritt zwischen 80 und 130 Kuna | Klanfari 7 | Tel. 098 25 97 55 | www.adrenalinpark.eu*

AM ABEND

Entlang der Strandpromenade reihen sich Cafés, Bars und Kneipen aneinander.

SABBIA
Das Restaurant ist gleichzeitig noch Bar und Lounge und abends Treffpunkt der Nachtschwärmer. Die Bar hat am Wochenende bis 3 Uhr geöffnet. *Strossmayerovo Šetalište 50b*

KÜSTE KVARNER-BUCHT

ÜBERNACHTEN

KVARNER PALACE
Das ehemalige K.-u.-k.-Grandhotel knüpft heute mit modernem Interieur, höchstem Komfort, eigenem Strand und Wellnesscenter an den früheren Ruf an. *114 Zi. | Ul. Braće dr. Sobol 1 | Tel. 051 38 00 00 | www.kvarnerpalace.info | €€€*

VALI
Ein wenig abseits und ruhig: also perfekt, um fernab vom Rummel am Kiesund Betonstrand zu baden. Angenehm sind die ⋇ Zimmer mit Blick aufs Meer. *21 Zi. | Gajevo Šetalište 35 | Dramalj | Tel. 051 78 81 10 | www.hotelvali.hr | €€*

AUSKUNFT

TOURISMUSVERBAND CRIKVENICA
Trg Stjepana Radića 1c | Tel. 051 78 41 01 | www.rivieracrikvenica.com

ZIELE IN DER UMGEBUNG

NOVI VINODOLSKI (143 D5) (*M6*)
Das Städtchen (5300 Ew.) 10 m südöstlich heißt übersetzt in etwa „Neues Weintal" und ist in der Tat mit gutem Žlahtina-Weißwein und hügeliger Umgebung voller Rebstöcke eine wunderbare Weingegend. Eine Route entlang der „Augen des Vinodol" führt an sechs besonders schönen ⋇ Aussichtspunkten vorbei. In Novi Vinodolski selbst lohnt ein Bummel vorbei am quadratischen Steinturm eines alten *Frankopanen-Kastells*. Natürlich wird in dem Ferienort gebadet. Schwer angesagt ist das Badeinselchen *Sv. Marin*, das Taxiboote ansteuern. Im Tal von Vinodol erwartet ein deutsch-kroatisches Paar Sie im zauberhaften ⓘ **INSIDER TIPP** *Hotel Balatura (10 Zi. | Mali Sušik 2 | Tribalj | Tel. 051 45 53 40 | www.hotel-balatura.hr | €€)*.

Liebevoll mit altem Mobiliar eingerichtete Räume sowie ein Kulturprogramm mit Lesungen bekannter Autoren vermitteln die Kultur der Balkanhalbinsel.

SENJ (143 E6) (*M–N7*)
Die Hafenstadt (8000 Ew.), 32 km südöstlich, ist geprägt von den Uskoken: Kroaten und Bosnier, die im 15. Jh. vor den Osmanen aus dem Landesinneren an die Küste flohen und hier in Senji ihre imposante ⋇ *Festung Nehaj* errichteten. Fantastisch ist der Blick auf die von der Bora abgeschliffenen Flanken der Insel Krk gegenüber. Im Inneren ist eine *Ausstellung zur Geschichte der Uskoken (tgl. Juli/Aug. 9–21, Mai, Juni, Sept., Okt. 10–18 Uhr | Eintritt 20 Kuna)* zu sehen, die zunächst als Schutz gegen die Türken fungierten, später als Piraten gegen die venezianischen Städte zogen. Fisch steht auf der Speisekarte der urgemütlichen *Konoba Lavlji Dvor (P. Preradovića 2 | Tel. 053 88 21 07 | www.lavlji-dvor.hr | €€)*.

MARCO POLO HIGHLIGHTS

★ **Opatija**
Hotels in Pastellfarben, üppige Parks und eine romantische Uferpromenade → S. 73

★ **Volosko**
Kulinarische Höhenflüge an einem idyllischen Hafen → S. 74

★ **Trsat**
Rijekas Kneipenviertel rund um eine wehrhafte Burganlage → S. 77

★ **Risnjak-Nationalpark**
Wandern zu Karstgipfeln und Quellen, einen Katzensprung vom Meer entfernt → S. 79

LOVRAN

(142 A3) *(J5)* **Pelzmützen im Winter? Davon hatte die österreichisch-ungarische Boheme aus Wien oder Budapest genug. Und entdeckte die mittelalterliche Siedlung mit üppigen Lorbeerbüschen an den Steilhängen, die ihr den Namen gaben.**

Bald war *Lovran* (4000 Ew.) ebenso angesagt wie der Villen-Kurort Opatija. schmale Gassen und eine hübsche Piazza, *Trg Sv. Juraj*, mit lebhaften Cafés und Restaurants. Doch irgendwie steh das Städtchen immer im Schatten seine weitaus berühmteren Schwester Opatija Das stimmt auch Mustacon missmutig Der schaut vom Tympanon eines Hauses gegenüber der barocken *Kirche Sv. Jura* ziemlich grimmig, dunkelhäutig, mit Turban und Schnurrbart. Dabei soll er doch das Haus vor Bösem schützen. Nebenar das Kontrastprogramm: Der christliche

Lovran, Hotspot des K.-u.-k-Jetsets, hat sich fürs heutige Fußvolk gut gehalten

Heute wird versucht, an den Edeltourismus anzuknüpfen. Mütze ab und rein ins Nostalgie-Flair, etwa in einem der schön restaurierten Hotels. Eine kleine Zeitreise, prima auch im Winter, um die Zeit bis zum nächsten Bad im Meer zu verkürzen.

SEHENSWERTES

ALTSTADT

Irgendwie unfair! Da hat Lovran schon einen Hafen, an dem gegenüber das *Stubica-Tor* durch die Stadtmauer führt, Schutzheilige St. Georg, der am einstiger Rathaus den Drachen niederringt. Noch mehr Kunst gibt es im *gotischen Wehrturm* mit wechselnden Ausstellungen.

VILLEN ●

Verpassen Sie bloß nicht die schönster Gründerzeitfassaden am Ort. Start is am Hotel *Bristol,*, das als *Villa Fernandec* 1873 erbaut wurde und als Vorreiter des Kulturtourismus gilt. Weiter geht es zu *Uferpromenade*. Vor dort aus ist auch die parallel verlaufende *Ulica Viktora Carc*

KÜSTE KVARNER-BUCHT

Emina einsehbar. *Nummer 7* lohnt einen Blick: Mit Mosaiken und venezianischen Bögen geschmückt ist dort die *Villa Santa Maria*. Sie stammt vom Wiener Architekten Karl Seidl. Vanilleeisgelb leuchtet seine *Villa Magnolia* (1906) ganz nahe an der Uferpromenade, während sich die *Villa Astra* – heute ein Top-Hotel – dezent in ihrem üppigen Park verbirgt.

ESSEN & TRINKEN

KNEZGRAD
Die bunten Blumen auf der Terrasse freuen das Auge, das sehr leckere Wildgulasch mit *njoki* den Geldbeutel (und Magen). Das Restaurant versteckt sich ein wenig am Rand der Altstadt. *Tgl. | Trg Slobode 12 | Tel. 051 29 18 38 | €–€€*

KVARNER
Mit dieser Lage kann keiner mithalten: konkurrenzlos toll, direkt über dem alten Hafen. Die Küche? Ein bodenständiger Mix aus Land- und Meerzutaten. *Tgl. | Šetalište M. Tita 65 | Tel. 051 29 11 18 | www.restoran-kvarner-lovran.hr | €€*

EINKAUFEN

Alles aus der Region: Auf dem kleinen Bauernmarkt *tržnica* im Ortszentrum gibt es buntes Obst und Gemüse, aber auch Honig und Schnaps.

FREIZEIT & STRÄNDE

Badeschuhe raus, die Felsbuchten entlang des *Lungomare* hinunter und ab ins Meer. Mit Kids unterwegs? Dann besser zum *Kiesstrand Peharovo* im Westen.

AM ABEND

Lust auf Party? Dann lieber auf nach *Opatija* und nach *Mošćenička Draga*.

ÜBERNACHTEN

BRISTOL
Romantikalarm: Mit Balkon, Meerblick und echtem Himmelbett ausgestattet sind 25 Zimmer des wunderschönen alten Hauses über dem Lungomare. *100 Zi. | Šetalište M. Tita 27 | Tel. 051 710 4 44 | www.remisens.com | €€*

VILLA ASTRA
Ein kroatischer Geschäftsmann hat diese K.-u.-k.-Villa in ein wahres Schmuckstück mit eleganten Zimmern, einem himmlischen Wellnessbereich und exzellentem Restaurant (auf Vorbestellung!) umgebaut. Umweltschutz, Nachhaltigkeit, Ayurveda und Gelassenheit stehen für den einstigen Manager und sein Haus an erster Stelle. *6 Zi. | Ul. Viktora Cara Emina 11 | Tel. 051 29 44 00 | www.hotelvillaastra.com | €€€*

AUSKUNFT

TOURISMUSVERBAND
Trg Slobode 1 | Tel. 051 29 17 40 | www.tz-lovran.hr

ZIELE IN DER UMGEBUNG

IČIĆI/IKA (142 A3) (*J4*)
Wenn Sie die Uferpromenade (Lungomare) von Lovran nach Opatija spazieren, kommen Sie durch die beiden Orte mit ihren Kiesstränden – guter Ausgangspunkt für Wanderungen und Mountainbiketouren im *Učka-Naturpark*. Bei Bootsbesitzern ist die *ACI-Marina (300 Liegeplätze | Tel. 051 70 40 04 | www.aci-marinas.com)* von Ičići beliebt.

MEDVEJA (142 A3) (*J5*)
Wer nach Medveja, 3 km südlich von Lovran, fährt, hat meist nur einen Grund: Baden! Platz genug gibt es in einer der

LOVRAN

beiden Kiesbuchten. In der *Hemingway Bar* am Strand treffen sich die lokalen Hipster. Wer das nötige Kleingeld hat, chillt auf einem angesagten Doppel-Ruhebett *(ab ca. 25 Euro/Tag)*. Dessen Vorhänge lassen sich rundherum schließen – perfekt für ein wenig Privacy am Strand. Noch mehr Schatten gibt es im Pinienwald des beliebten *Campingplatzes (124 Stellplätze, auch Bungalows u. Apts. | Tel. 051 29 11 91 | www.remisens.com | €)*.

Dem Rummel entkommen Sie bei einem Ausflug in die **INSIDER TIPP** *Konoba Kali (Kali 39a | Tel. 051 29 32 68 | www.konobakali.hr | €€)*, mit dem Auto steil den Berg hinauf. Ein rustikaler Gastraum, eine schöne 🌿 Panoramaterrasse und Gerichte wie Oktopus aus der *peka*: Was will man mehr? Vielleicht noch die selbst eingelegten 🌱 Feigen, Maronen oder Sauerkirschen, alles bio!

LOW BUDGET

Mornar (Riva Boduli 5a | Tel. 051 31 22 22) am Fährterminal in Rijeka bietet konkurrenzlos günstige Mittagsküche, so Rindergulasch mit *njoki* für 42 Kuna.

Mala krčma, kleine Kneipe, nennt sich das *Skalinada (Mo geschl. | Put uz dol 17 | Tel. 051 70 11 09 | www.skalinada.net)* in Volosko. Hier gibt's preiswerte Gerichte, z. B. Bruschetta für 20 und Sardinen für 30 Kuna.

Leichter Retro-Schick und ein weitläufiger Park mit vielen Sportangeboten: *Hostel Stoimena (300 Betten | um 20 Euro/Pers. im DZ | Šet. V. Nazora 75 | Tel. 051 24 16 25)* an der Küste zwischen Crikvenica und Selce.

MOŠĆENICE (142 A4) *(M J5)*

Das Auto nehmen? Denken Sie nicht mal dran! Zu Fuß hinauf – das ist die echte Challenge: Wie ein Adlerhorst schwebt das mittelalterliche Städtchen in 173 m Höhe über seinem Schwesternort *Mošćenička Draga* am Meer. Es geht hinauf über eine steile Treppe mit mehr als 700 Stufen teils unter schattigen Pinien entlang. Das mittelalterliche Dörfchen mit einigen Steinhäusern, einem *Museum (Di–So 10–17 Uhr | Eintritt 10 Kuna)* mit altem Arbeitsgerät und einer 400 Jahre alten Ölpresse, deren Mahlstein früher von Eseln gezogen wurde, ist winzig. Von der Terrasse der bezaubernden Konoba 🌿 **INSIDER TIPP** *Tu Tamo (Mošćenice 50 | Tel. 051 73 72 33 | www.konoba-tutamo.hr | €€)* möchte man nie mehr weg, angesichts des Blicks übers Meer und der absolut delikaten Küche.

NATURPARK UČKA
(141 E–F 5–6) *(M H–J 4–6)*

Das Bergmassiv ist der gute Gott der Liburnischen Riviera, wie der Küstenabschnitt zwischen Mošćenička Draga und Volosko auch genannt wird. Es steigt steil bis zum höchsten Gipfel *Vojak* (1401 m) an und bildet eine schützende Barriere vor kalten Winden, was der Riviera ihr mildes Klima beschert. Wanderwege und Mountainbike-Pfade führen die dicht bewaldeten Hänge hinauf – von Lovran ist es ein schweißtreibender Anstieg (3 Std.). Bequemer erreicht man den Poklon-Sattel unterhalb des Gipfels mit dem Auto. Das bewaldete Tal *Vela Draga* ist wie ein Canyon eingeschnitten. Aus dem dichten Grün ragen spindeldürre Kalksteinformationen heraus, die wie Nadeln aussehen. Ein 600 m langer Lehrpfad (ca. 30 Min.) führt zu einem 🌿 Aussichtspunkt über dem Tal. In die Schlucht geht's nach dem Tunnel Učka rechts und gleich wieder links.

KÜSTE KVARNER-BUCHT

Im Windschatten: Das Učka-Gebirge beschert Opatija ein mildes Klima

OPATIJA

(142 A2) (*M J4*) **Willkommen in der guten alten Zeit! Die ganze Pracht der K.-u.-k.-Epoche ist hier in pastellfarbenen Fassaden, üppigem Skulpturendekor, exotischen Parkanlagen und eleganten Promenaden verewigt.** ★ **Opatija (12 000 Ew.) wirkt so durch und durch habsburgisch, dass der alte, österreichisch-italienische Name Abbazia viel passender erscheint.**

Im Hochsommer nach Opatija? Das können Sie machen, wenn sie betongraue Stadtstrände mögen. Ein absoluter Lieblingsort ist Opatija aber genau dann, wenn Ihre Freunde zu Hause die Skibrille aufziehen – dann können Sie an der Riviera von Opatija schon mal die Sonnenbrille auspacken. z. B. gut eingemummelt, mit einem Stück Sachertorte auf der Seeterrasse des Kult-Nostalgiehotels *Milenij*. Bummeln Sie unter Palmen am Meer entlang und genießen Sie die herausgeputzten Fassaden vanilleeisgelber Jugendstilvillen. Oder feiern Sie Karneval in der Frühlingsjacke, denn der Winter ist wunderbar mild. Das Učka-Gebirge wirkt wie ein Schutzwall, das fand auch schon der K.-u.-k.-Adel heraus, der in diesem „klimatischen Heilbad" kurte – im Winter natürlich.

SEHENSWERTES

FRANZ-JOSEPH-PROMENADE (LUNGOMARE)

Lungomare. Schon das Wort zergeht auf der Zunge. Das ist die Lebensader von Opatija. Eine Uferpromenade, 12 km lang, die sich am Meer entlangzieht. Könnte sie plaudern, könnte dies für einige noch nachträglich peinlich werden. Etwa für den früheren österreichischen Kaiser Franz Joseph I., der hier gerne promenierte. Allein soll er dabei nicht gewesen sein, allerdings auch nicht an der Sei-

OPATIJA

te seiner Ehefrau … Die Kroaten scheinen ihm das nicht übel genommen zu haben: Im Zuge der K.-u. -k.-Welle benannten sie den mit nostalgischen Straßenlaternen gesäumten Weg in Franz-Joseph-Promenade um und spazieren heute an hübschen Villen und Hotels vorbei.

VILLA ANGIOLINA
Exotische Bäume und Pflanzen schmücken den großen Park der Mitte des 19. Jhs. errichteten Villa, die als eine der prächtigsten in Opatija gilt. Werfen Sie einen Blick hinein: Vergoldete Spiegel im Foyer und eine ausladende Treppe, die in das *Kroatische Tourismusmuseum (tgl. 10–21 Uhr | Eintritt 15 Kuna)* hinaufführt. Das lohnt mit nostalgischen Postkarten, Fotos und Retro-Werbeplakaten, aber auch Wechselausstellungen. Immer geht es ums Reisen – schließlich gilt die Villa als Wiege des Kurtourismus von Opatija.

VILLEN UND HOTELS
So viele tolle Villen! Unter den historischen Hotels aus der K.-u.-k.-Epoche sticht das 1884, damals als Luxushotel eröffnete *Kvarner Amalia* hervor. In der 1890 erbauten *Villa Amalia* dahinter logierten gekrönte Häupter und Prominente, darunter Isadora Duncan, an die eine Statue erinnert. Die Hotelgäste verbrachten den Nachmittag gerne im *Café Glacier,* dem heutigen *Pavillon Juraj Šporer* (wechselnde Kunstausstellungen). 1885 wurde das heutige *Hotel Imperial* (damals Stephanie) erbaut.

VOLOSKO ★
Opatija und der benachbarte Fischerort sind über die Uferpromenade miteinander verbunden. Dennoch herrscht hier eine ganz andere, nicht so mondäne, sondern eher mediterran-beschauliche Atmosphäre. Und es gibt hervorragende Restaurants im kleinen Fischerhafen wie das *Plavi Podrum,* die das Hafenbecken säumen.

ESSEN & TRINKEN

BEVANDA
Ein Traditionshaus im modernen Gewand – das kann auch schiefgehen. Doch das Bevanda hat seine bewährte Qualität beim Facelifting sogar noch gesteigert. Versuchen Sie hier die Scampi aus dem Kvarner-Golf! *Tgl. | Zert 8 | Tel. 051 49 38 88 | www.bevanda.hr | €€€*

KONOBA TRAMERKA
Die gemütliche Konoba liegt etwas oberhalb des Hafenbeckens von Volosko und hat nur wenige Tische im Freien. Koch Andrej Barbieri ist eigentlich Philosoph und versteht sich hervorragend auf traditionelle Rezepte aus Istrien und der Kvarner-Bucht. *Tgl. | Andrije Mohorovičića 15 | Tel. 051 70 17 07 | €€*

INSIDER TIPP ▶ RIBARNICA VOLOSKO
Im Fischgeschäft von Zoran, der täglich aufs Meer raus fährt, suchen Sie sich an der Theke Ihren Fisch aus. Dazu bestellen Sie einen Salat und ein Getränk und warten, bis alles – frisch zubereitet und gut gewürzt – fertig ist. Gegessen wird ganz urig im Gastraum oder an den Tischen auf dem Bürgersteig. Auch Locals lieben diesen Ort! *Juni–Sept. Mo–Sa 9–22, So 11–21 (Okt.–Mai 9–21, So 11–21) Uhr | Stangerova 5 | Tel. 051 70 14 83 | €*

EINKAUFEN

MANUFAKTURA SOUVENIRS
Keinen Kitsch, sondern hübsches Kunsthandwerk, ◐ Biokosmetik und regionale Delikatessen shoppen Sie hier. *Tgl. 9–21 Uhr | M. Tita 112 | www.manufaktura-souvenirs.com*

KÜSTE KVARNER-BUCHT

FREIZEIT & STRÄNDE

Betongraue Terrassen mit Snackbars, rund um einen Meerespool: An Opatijas beliebtem Stadtstrand *Slatina* wird praktisch gebadet. Eleganter wirkt der mit Sand aufgeschüttete *Lido Beach* mit bequemen Liegen und Loungebar.

AM ABEND

HEMINGWAY
Sehen und gesehen werden in der populären Loungebar am Yachthafen. *Zert 2a | www.hemingway.hr/opatija*

ÜBERNACHTEN

HOTEL MIRAMAR ●
Wenn das nicht die perfekte Location für ein romantisches Weekend ist: Hübsche Zimmer und Kronleuchter, austro-mediterrane Küche versprühen Nostalgie-Flair. Im Wellnesscenter lässt es sich prima relaxen, ab und zu gibt es Musik- und Literaturevents. *104 Zi. | Ive Kaline 11 | Tel. 051 28 00 00 | www.hotel-miramar.info | €€–€€€*

PALACE BELLEVUE
Wer elegante Zimmer mit Retro-Charme mag, ist in dem historischen, komplett sanierten Haus im Ortszentrum gut aufgehoben. *210 Zi. | M. Tita 144–148 | Tel. 051 71 04 44 | www.remisens.com | €€*

PROPERTY NONO ✂
Ein wenig ab vom Schuss liegen die vier hübsch restaurierten Häuschen in Veprinac, auf halbem Weg zwischen Opatija und dem Učka-Tunnel. Dafür spart der hauseigene Pool den Weg ans Meer. Dort haben Sie ohnehin nicht so einen coolen Panorama-Ausblick wie hier. *Vanja Pošćić | M. Tita 61 | Tel. 098 52 31 08 | www.property-nono.com | €€*

AUSKUNFT

TOURISMUSVERBAND OPATIJA
M. Tita 128 | Tel. 051 271310 | www.visitopatija.com

Abgesehen vom Dresscode atmet das Miramar bis hinaus auf die Terrasse K.-u.-k.-Flair

RIJEKA

ZIEL IN DER UMGEBUNG

KASTAV (142 A2) (ω J4)
Der Motor röhrt, es wird steil und nach 6 km taucht das Ortsschild auf: Wer ins mittelalterliche Wehrstädtchen Kastav (900 Ew.) mit seinen ⚜ *Steinkirchen* hinauffährt, tut das nicht ohne Grund. Dieser Ausblick! Panorama satt auf die Bucht von Rijeka von 400 m Höhe. Weiterer Grund ist das Slow-Food-Restaurant ◉ *Kukuriku (Trg Lokvina 3 | Tel. 051 69 15 19 | kukuriku.hr | €€€)* am Eingang zur Altstadt: Nenad Kukurin hat sich mit ausschließlich regionalen Produkten, die er zu innovativen Menüs verarbeitet, eine Fangemeinde geschaffen. Vertrauen Sie ihm ruhig: Statt die Speisekarte zu verlangen (die es ohnehin nicht gibt), sagen Sie ihm einfach, was Sie mögen. Er erledigt den Rest, ziemlich gut sogar.

RIJEKA

 KARTE IM HINTEREN UMSCHLAG
(142 B2) (ω J–K4) **Eine Hafenstadt mit Werften und ohne richtige Strände, das ist Rijeka. Wie Kaugummi klebte dieses Vorurteil an Kroatiens drittgrößter Stadt (140 000 Ew.). Doch Rijeka ist hip, mit pulsierendem Nachtleben, interessanten Museen und ja, einem geschäftigem Hafen. Der Karneval ist hier richtig bunt – und mit Meerblick!** Es kommt aber noch besser: Als europäische Kulturhauptstadt 2020 setzt die Stadt derzeit viele innovative Projekte um: Alte Militärgänge werden zu Spazierwegen, im ehemaligen Bunker wird Latte Macchiato getrunken und ein ausrangiertes Schiff wird zum Schlafplatz. Klingt alles cool? Ist es auch! *Rijeka* heißt aus dem Kroatischen übersetzt nichts anderes als Fluss, italienisch *fiume*, Das ist auch das Marketing-Motto der Kvarner-Metropole, die von Hügeln im Hinterland geschützt wird: Bei uns ist alles im Fluss, hier tut sich was. Streng genommen sogar schon seit der Jungsteinzeit. Die jüngere Geschichte ist ein tolles Fotomotiv: Austro-ungarische Villen, die ebenso in Wien oder Budapest stehen könnten, erinnern an die Habsburger Herrschaft bis 1918 – etwa der Palais Mondello an der Riva oder das Kroatische Nationaltheater bei den Markthallen. Das macht einige sozialistische Bausünden am Stadtrand locker wieder wett.

SEHENSWERTES

Die wichtigsten Sehenswürdigkeiten Rijekas sind mit QR-Codes für Smartphones und Tablets gekennzeichnet, mit denen Hintergrundinfos auch in Deutsch abrufbar sind.

🏙 WOHIN ZUERST?
Erstmal twittern? Klar, kostenloses WLAN gibt's in der Innenstadt. Am *Jadranski trg*, unweit der Parkplätze und des Busbahnhofs, beginnt der *Korzo*. Die Shopping- und Cafémeile ist ein Muss! Wer müde ist: Der Hop-on-hop-off-Bus *TouRIst* bringt Sie durch die Stadt *(50 Kuna | www.autotrolej.hr)*.

KORZO
Auf dem Korzo wird gelebt, gebummelt, geshoppt und natürlich reichlich Kaffee getrunken. Genau das macht den Charme von Rijekas Fußgängerzone aus, die sich vom Jadranski trg im Westen bis zum Mrtvi kanal im Osten zieht: People-Watching vor Historismus- und Jugendstilfassaden. Genug geschaut? Dann ab durch den Torbogen des barocken *Uhrturms* (17. Jh.), den der Doppeladler der

KÜSTE KVARNER-BUCHT

Auf Rijekas Korzo chillen, bis die Sonne untergeht ... Urlaubsluxus pur

Donaumonarchie schmückt. Der Durchgang führt zum modern gestalteten Platz *Trg Ivana Koblera*. Nur wenige Schritte weiter finden Sie die Reste des Stadttors *Stara vrata* (1. Jh.): Es verbindet zwei neuere Gebäude miteinander und wirkt, als würde es in der Luft hängen.

MARKTHALLEN

Hinter der charmanten Jugendstil-Fassade öffnet sich Rijekas Fischmarkt, wo Fischfrauen frische Dorade anpreisen. Rund um die Hallen wird's richtig bunt: Frisches Obst, Gemüse und Blumen – vieles aus der Region und von den Inseln – liegen hier ansprechend aufgetürmt an den Ständen aus.

INSIDER TIPP MOLO LONGO

Eigentlich wurde der Wellenbrecher 1872 gebaut, um den Hafen vor Meereskapriolen zu schützen. Dass man darauf auch bummeln und den Sonnenuntergang genießen kann, ist ein toller Nebeneffekt. Die Einheimischen lieben ihren 1,7 km langen Catwalk mitten in der Adria!

PEEK & POKE

Digital Natives, aufgepasst: Die Stars in diesem Museum sind Joysticks, Floppy Disks und 286er-Computer: Die privaten Betreiber brennen für alte Computer und Co. – und das ist echt ansteckend! *Mai–Okt. Mo–Fr 14–20, Sa 11–16 Uhr | Eintritt 30 Kuna | Ul. Ivana Grohovca 2 | www.peekpoke.hr*

TRSAT ★

Keine Frage, Stadtbus Nr. 2 ist die bequemere Variante. Sie können die gut 500 Stufen hinauf auf die Trsat-Anhöhe natürlich auch als effektive Fatburner-Methode nutzen. Am schönsten ist es hier auf 138 m Höhe bei Sonnenuntergang. Oder bei Dunkelheit, wenn Rijeka wie ein Lichtermeer glitzert. Dazu machen Sie es sich am besten im Panoramacafé der sanierten *Frankopanen-Burg* (13. Jh.) bequem, wo im Sommer auch viele Events stattfinden. Nebenan zieht eine tief verehrte *Marienikone* in der *Wallfahrtskirche Unserer lieben Frau von Trsat* viele Pilger an. Hier soll, sagt eine Legende, das Haus

RIJEKA

der Heiligen Familie gestanden haben, als es von Kreuzrittern (13. Jh.) von Nazareth nach Loreto gebracht wurde.

TUNEL RI
Ein Labyrinth aus Gängen durchzieht Rijekas Innenstadt. Step by step wird alles freigelegt. Begonnen wurde mit diesem 330 m langen Schutztunnel aus dem Zweiten Weltkrieg, mit Original-Graffiti an den Wänden. *Tgl. 9–21 Uhr | neben der Kathedrale | Eintritt frei*

ESSEN & TRINKEN

BOONKER
Der ehemalige deutsche Luftschutzbunker am Hafen ist nun Cappuccino- und Pizza-Spot. *Tgl. | Tel. 051 40 17 38 | www.boonker.hr | €*

INSIDER TIPP KONOBA NEBULOZA
Moderne trifft Tradition, in Einrichtung wie im Küchenstil. Istrische Wildgerichte, mediterrane Fischplatten – alles tadellos frisch und von feinstem Geschmack! *So geschl. | Titov trg 2b | Tel. 051 37 45 01 | www.konobanebuloza.com | €€€*

KONOBA TARSA
Eine der beliebtesten *konobe* in Trsat, nicht zuletzt wegen der guten istrischen Hausmannskost wie *maneštra* oder Käse

Der Küste mal den Rücken kehren: Saftig-grüne Hügel erklimmen Sie im Risnjak-Nationalpark

mit Trüffeln. *Tgl. | Josipa Kulfaneka 10 | Tel. 051 45 20 89 | €*

MASLINA NA ZELENOM TRGU
„Olive auf dem Grünen Platz" heißt das angesagte Lokal auf dem ehemaligen Marktplatz übersetzt. In moderner Landhausatmosphäre werden Pizza und marktfrische Gerichte serviert. *So geschl. | Koblerov trg | Tel. 051 56 35 63 | www.pizzeria-maslina.hr | €*

EINKAUFEN

KRAŠ CHOCO BAR BONBONNIERE
Die Filialen einer der ältesten kroatischen Schokoladenmanufakturen sind Kult. Pralinentorte und Co. im stylischen Ladencafé versüßen den Urlaub. *Korzo 24a*

KÜSTE KVARNER-BUCHT

ZELENO I PLAVO 🌿
Die Genossenschaft verkauft nur Waren regionaler Erzeuger, darunter auch viele Bioprodukte. *Trpimirova 1a*

FREIZEIT & STRÄNDE

KANTRIDA BEACH
Die moderne Badeanlage 6 km westlich des Zentrums umrahmt die nun schick aufgerüstete olympische Schwimmhalle. Kiesstrand, Pools, Beachvolleyballplätze und Snackbars. *Eintritt 20 Kuna | Podkoludricu 2 | www.rijekasport.hr*

AM ABEND

RAKIJA BAR
Rakija räumt den Magen auf und sorgt beim Putzen für streifenfreie Fenster, schwören die Kroaten. In dieser In-Bar werden 50 Sorten Selbstgebrannter ausgeschenkt. *Ul. Andrije Medulića 5*

TUNEL
Die beliebte Kneipe hat sich unter Eisenbahngleisen eingenistet – Live-Jazz vom Feinsten. *Školjić 12 | www.tunelclub.com*

ÜBERNACHTEN

BEST WESTERN JADRAN
Der Bau vom Beginn des 20. Jhs. ist ein Traum, die Lage am Meer ebenfalls – das komplett neu gestaltete Hotel verbindet ideal Stadt- und Badeurlaub. *69 Zi. | Šetalište XIII divizije 46 | Tel. 051 21 66 00 | www.jadran-hoteli.hr | €€€*

BOTEL MARINA
Ahoi! Warum übernachten Sie nicht mal auf dem Wasser? Das frühere Passagierschiff ist heute ein Hostel mit farbenfrohen Kajütenzimmern und ankert im Hafen. *35 Zi. | Riva 1 | Tel. 051 41 01 62 | www.botel-marina.com | €*

CARNEVALE LOUNGE HOSTEL
Zwei Punkte sprechen fürs Carnevale: die zentrale Lage und die absolute Sauberkeit. Dazu kommt freundlicher und sehr persönlicher Service. *30 Betten, 8 Zi. | Jadranski trg 1 | Tel. 051 41 05 55 | www.hostelcarnevale.com | €*

AUSKUNFT

TOURISTENINFORMATION RIJEKA
Korzo 14 | Tel. 051 33 58 82 | www.visitrijeka.eu

ZIEL IN DER UMGEBUNG

RISNJAK-NATIONALPARK ★
(142–143 C–D 1–2) (*m* L3–4)

Morgens am heißen Strand liegen, nachmittags im schattigen Hinterland wandern. Das klappt im Nationalpark Risnjak, der zur grünen, hügeligen Gebirgslandschaft *Gorski kotar* gehört, wirklich prima. Mit 6400 ha ist der Nationalpark fast so groß wie 9000 Fußballfelder. Hier leben die namensgebenden Luchse *(ris)*, Wölfe und Bären. Die scheuen Tiere werden Ihnen bei einer Wanderung jedoch kaum über den Weg laufen. Sie haben nur zwei Stunden Zeit? Dann ab nach *Hrvatsko*, vorbei am Dorf Kupari und zur *Quelle* des türkisblauen Flusses Kupa. Idylle pur! Drei Stunden, das reicht, um von Bijela Vodica den Gipfel des *Veliki Risnjak* (1528 m) hinaufzusteigen: Zu Beginn ist es ganz entspannt, erst im letzten Teilstück beginnt das große Japsen – doch da ist die Bergkuppe schon längst in Sicht. Naturnah übernachtet, wer eine Holzleiter hinaufsteigt ins originelle 🌿 *Baumhaus (www.gorskilazi.com/treehouse)* mit vier Betten, Solarstrom und Whirlpool auf der Wiese. Infos im *Nationalparkhaus (Bijela Vodica 48 | Crni Lug | Tel. 051 83 61 33 | www.np-risnjak.hr)*.

INSELN KVARNER-BUCHT

Die Inseln der Kvarner-Bucht sind teils wie eine karge Mondlandschaft, von Trockenmauern durchzogen, hier und da Olivenbäume, salzgeschwängerte Luft. Das ist aber nur die eine Seite der Inseln des Kvarner-Golfs. Jene, die dem Festland zugewandt und unberechenbaren Winden ausgesetzt ist. Und die andere? Jede der fünf großen Inseln – Cres, Lošinj, Krk, Rab, Pag – hat ein besonderes Gesicht.

Weißer Kalkstein dominiert das herbe Cres; Pinien und Steineichen beschatten Lošinjs Buchten; Krk verbirgt hinter seinem kahlen Felsrücken fruchtbare Täler und schöne Strände. Rab zeigt zwei Seiten, den vegetationsarmen, aber mit Traumbuchten gesegneten Norden und üppiges Grün im Süden; Pag schließlich prägen Salinen, weißer Fels und uralte Olivenbäume. Doch welche ist nun die schönste im ganzen Land? Jede auf ihre Art! Geht es jedoch um die Top-Inselhauptstadt kann es nur eine geben: Rab, mit Traumsilhouette.

CRES

(146 A–C 1–4) (*J–K 6–10*) **All-Inclusive-Schlacht am Büffet? Nicht hier: Cres (3200 Ew.) ist eine Insel für Individualisten, für Menschen, die gerne wandern. Durch Macchia, duftende Kräuterwiesen und über Höhenrücken führen die Wege über diese noch recht ursprüngliche Insel – vorbei an Schafen, Trockenmauern und windgepeitschten Olivenbäumen.**

Karg, spröde, steinig – die Kvarner-Inseln brauchen etwas länger, um ihren Charme zu zeigen. Dann aber kommt er mit Wucht

Karg, wasserarm und spröde: Wer will schon auf einer solchen Insel wohnen? Das Leben ist hart, die Einwohner werden immer weniger und älter. Und ja, die Bora pfeift manchmal ziemlich rau – doch den Inselschafen gefällt es, schließlich gibt es hier noch weitgehend intakte Natur. Touristen gibt's, aber die meisten rauschen über die Inselstraße auf die Nachbarinsel Lošinj. Wer bleibt, wandert oder tritt in die Pedale – denn der Weg zum Traumstrand kann sich auf der 66 km langen und 12 km breiten Insel manchmal ganz schön ziehen. Plüschige Hotels? Das ist Luxus-Gedöns, das nicht so recht zum herben Touch von Cres passt. Lieber rücken die Einheimischen in ihren Häusern zusammen und vermieten Privatzimmer und Apartments. Und werfen gerne mal den Grill für ihre Gäste an.

ORTE AUF CRES

BELI (142 A5) *(ɱ J6)*
Wie ein Adlerhorst thront das Dörfchen Beli (45 Ew.) in 130 m Höhe über dem

CRES

„Schlicht" im besten Sinn: Der Kiesstrand unterhalb Belis kommt ganz ohne mondäne Zutaten aus

kleinen Hafen von Podbeli. Da möchte man gleich runtergehen, an den weißen Kiesstrand unterhalb des Ortes. Eine schmale Straße windet sich hinab: Ein paar Bootshäuser, der Strand mit INSIDER TIPP **türkisgrünem, glasklarem Wasser** und im Sommer noch ein Kiosk sind alles, was Sie hier erwartet. Kultur nach dem Sonnenbad gibt es in der Umgebung, zwischen Eichen und Kastanien verstreut: römische Ruinen und Skulpturen kroatischer Künstler. Trekking-Boots anziehen, und ab auf die *Staza Tramuntana*: Die umfasst sieben Wanderwege – mal kürzer, mal länger – und ist so gut ausgeschildert, dass Sie sich nicht verirren. Es kann Ihnen höchstens passieren, dass Sie Ihr Herz verlieren, an die urwüchsige Natur. Die freundliche ⊙ *Pansion Tramontana (12 Zi. | Tel. 051 84 05 19 | www.beli-tramontana.com | €–€€)* nutzt Solarenergie, biologische Wasserfilter sowie Regenwasser. Im Restaurant werden regionale Produkte serviert.

CRES-STADT (146 B1) (*K7*)

Auf Cres ist alles recht überschaubar. Das gilt auch für die gleichnamige Inselhauptstadt (2900 Ew.), an der tiefen großen Bucht der Westküste. Alles dreht sich hier um den Hafen: Pastellfarbene Hausfassaden spiegeln sich im ruhigen Wasser, Fischer- und Ausflugsboote liegen vertäut und in der winzigen Renaissanceloggia verkaufen Marktfrauen Feigen aus dem eigenen Garten. Das *Kloster Sv. Frane* lohnt einen Abstecher, mit zwei Renaissancekreuzgängen und einem kleinen *Museum (Sommer tgl. 10–12, 16–18 Uhr oder nach tel. Anmeldung | Eintritt 10 Kuna | Trg Sv. Frane 6 | Tel. 051 57 12 17 | www.cres-samostan.com)*.

Das *Hotel Kimen (128 Zi. | Melin I/16 | Tel. 051 57 33 05 | www.hotel-kimen.com | €€)* liegt ruhig an der Uferpromenade in einem Pinienhain direkt am Fels-Kies-Strand. Die romantische Kulisse des abends beleuchteten Hafenbeckens bereichert das *Buffet Feral (tgl. | Riva Creskih Kapetana 9 | Tel. 051 57 31 01 | €–€€)*.

INSELN KVARNER-BUCHT

LUBENICE ⭐ ☼ (146 A1) *(m J8)*

Wie eine Puppenstube wirkt das beliebte Ausflugs-Dörfchen: Bunte Blumen vor schiefen Natursteinhäusern, hier ein wackeliger Tisch mit gutem Inselwein, dort wird selbst gemachter Likör auf einer Bruchsteinmauer verkauft. Damit verdienen sich die rund zwei Dutzend Bewohner ein Zubrot – denn alleine vom spektakulären Panoramablick auf 378 m Höhe wird keiner satt, so reizvoll das Dörfchen am steilen Sackgassen-Hang mit Kirchen und *konobe* auch sein mag. Als Einkehr empfiehlt sich die *Konoba Hibernica (tgl. | Lubenice 17 | Tel. 051 573101 | €€)*, die typische Gerichte wie aromatischen Lammbraten serviert. Das ⓒ *Centar Gerbin* bemüht sich um den Erhalt traditioneller Bauten, die Förderung der Schafzucht und den Schutz der besonderen Flora.

Abenteuerlich und steil schraubt sich der Pfad hinunter ans Meer, zur *Kiesbadebucht Sv. Ivan*. Das dauert! Eine Stunde später jedoch sind Sie am traumhaften Postkartenstrand. Relaxen ist jetzt notwendig, denn bergauf wird es anstrengend. Weiter südlich führt der Pfad in die Bucht *Žanja*, ebenso mit Traumstrand und einer Blauen Grotte: Darin schimmert das Wasser recht unwirklich, je nach Sonneneinstrahlung. Outdoor-Muffel mieten ein Wassertaxis ab Cres oder Valun *(200 Kuna)*. Mit ein wenig Glück sehen Sie Delphine im Meer.

OSOR ⭐ (146 B3) *(m K10)*

Osor war in der Antike sogar Hauptstadt der früheren Doppelinsel Cres-Lošinj. Die Römer durchstachen den Isthmus, um einen Kanal anzulegen, der aus dieser Insel zwei machte. Geblieben sind nur rund 80 meist ältere Bewohner – von einst 30 000. Kathedrale, Bischofspalast und Loggia beherrschen den Ortskern. Plastiken bekannter kroatischer Künstler verteilen sich über den Ort. Sie alle nehmen Bezug auf das berühmte Sommerfestival *Musikabende von Osor*. Das ist übrigens ein wirklich eindrucksvolles Klangerleb-

---

MARCO POLO HIGHLIGHTS

⭐ **Lubenice**

Der fast verlassene Ort thront malerisch über Cres' Steilküste → S. 83

⭐ **Osor**
Gotik, Renaissance und zeitgenössische Kunst am Schnittpunkt von Cres und Lošinj → S. 83

⭐ **Kirche Sv. Lucija**
Schlicht romanisch außen auf Krk, wertvolle glagolitische Steintafel innen → S. 85

⭐ **Krk-Stadt**
Geschichte, wohin Sie schauen, lebhaftes Hafenflair und urige *konobe* → S. 86

⭐ **Veli Lošinj**
In einem der hübschesten Häfen des gesamten Archipels erinnern Kirche und Kapitänshäuser an die vergangene Ära der Schifffahrt → S. 92

⭐ **Pag-Stadt**
Das Gesamtkunstwerk der Renaissance spiegelt sich in den Verdunstungsbecken der Salinen, die die Stadt reich gemacht haben → S. 95

⭐ **Rab-Stadt**
Hübscher Kontrast: Die Stadt mit der viel fotografierten Silhouette birgt quirliges Flair hinter historischen Mauern → S. 98

KRK

nis: Dann tönen Oboe, Violine und Fagott durch die schmalen Gassen und sorgen für eine wohlige Gänsehaut.
Der Vergangenheit können Sie im *Archäologischen Museum (Ostern–Mitte Juni, Mitte Sept.–Okt. Di–Sa 10–14, Mitte Juni–Mitte Sept. Di–So 10–13, 19–22 Uhr | Eintritt 35 Kuna)* nachspüren: Münzen, Schmuck, Vasen, ein Floß – alles nett aufbereitet.

VALUN (146 A1) (*M J8*)

Ein kleiner Fischerhafen, ein paar blumengeschmückte Häuser, die Kirche am Hang darüber, eine flach abfallende Kieselbucht, die sich prima als Badestopp eignet – Valun ist ein Ferienort aus dem Bilderbuch. Besonders hübsch sitzt man im **INSIDER TIPP** *MaMaLu (tgl. | Valun 13a | Tel. 051 52 50 35 | www.mamaluvalun.hr | €€ | auch 8 Zi.)*. In dem Familienbetrieb kümmert sich die Dame des Hauses ums Restaurant, während Mann und Söhne für den Fisch zuständig sind – frischer bekommen Sie Kvarner-Scampi selten auf Ihren Teller.

STRÄNDE

Flach abfallende Strände und viel Schatten – das alles gibt's in Valun, unterhalb von Lubenice und bei *Martinšćica* an der Westküste. Die Ostküste ist hingegen schroff, dort finden Sie nur in Podbeli und weiter südlich, unterhalb von Belej, Platz zum Baden. Weißer Sand sorgt am Strand *Uvala Meli* für Tropen-Feeling. Kleiner Haken: 2,5 km Fußmarsch ab Belej.

SCHIFFSVERBINDUNGEN

Autofähren verbinden Cres mit Istrien *(Porozina–Brestova)* und mit Krk *(Merag–Valbiska)*. Abfahrtszeiten und Tarife listet *www.jadrolinija.hr*.

AUSKUNFT

TOURISMUSVERBAND CRES-STADT
Cons 10 | Tel. 0 51 57 15 35 | www.tzg-cres.hr

KRK

(142–143 B–E 3–6) (*M K–M 5–7*) **Eigentlich sind die Kroaten ja recht großzügig. Nur bei diesem Inselnamen haben sie ganz schön mit den Vokalen geknausert. Dennoch gehört Krk (19 500 Ew.) traditionell zu den liebsten Badewannen der Deutschen und Österreicher.**

Alles geht auf Krk, das mit Wassersportmöglichkeiten sowie Wander- und Radwegen als perfekte Outdoor-Destination gilt. Eingerahmt wird der Küstensaum der Insel von kleinen Felsbuchten und langen Kiesstränden. Auch kulturell hat Krk einiges zu bieten. Architektonische Kostbarkeiten schmücken die Inselstädte. Schließlich stammt von Krk das Fürstengeschlecht der Frankopanen, das die Region vom 11. bis zum 17. Jh. relativ unabhängig von Venedig beherrschte und Klöster stiftete.

ORTE AUF KRK

BAŠKA (143 D6) (*M M7*)

Das Städtchen (900 Ew.) im Südosten kommt dem perfekten Ort zum Entspannen schon ziemlich nahe: Alles dreht sich um den knapp 2 km langen Kiesstrand *Vela plaža*. Der fällt herrlich flach ab, windgeschützt von kargen Bergrücken. Restaurants, Straßencafés und Souvenirläden ziehen am frühen Abend Scharen von Müßiggängern an, die die Strandpromenade *Ulica Kralja Zvonimira* in einen lebhaften *corso* verwandeln. Der Altstadtkern von Baška ist übersichtlich.

INSELN KVARNER-BUCHT

Ein kleines *Aquarium (tgl. April, Okt. 10–15, Mai 10–17, Juni/Sept. 9–21, Juli/Aug. 9–22 Uhr | Eintritt 30 Kuna | Ulica Kralja Tomislava)* zeigt die bunte Unterwasserwelt des Kvarner-Archipels. Unweit von Baška dreht sich in der romanischen ⭐ Kirche *Sv. Lucija* im Dörfchen *Jurandvor* alles um eine Steintafel. Die *Tafel von Baška (Bašćanska ploča)*, mit glagolitischer Inschrift aus dem 11. Jh., gilt als eines der ältesten kroatischen Schriftstücke. Das Original wird zwar in Zagreb aufbewahrt, der Film im *Infozentrum (tgl. Juni, Sept. 9–21, Juli/Aug. 9–22 Uhr | Eintritt 25 Kuna | www.azjurandvor.com)* auf Deutsch ist aber so gut gemacht, dass das gar nichts ausmacht.

Im Zentrum des alten Baška, an Tischen um einen Brunnen gruppiert, sitzen die Gäste bei INSIDERTIPP *Kod Frge (tgl. | V. Nazora 15 | Tel. 051 84 40 76 | €–€€)* ungemein romantisch, und Fisch wie Fleisch schmecken köstlich. Mit Blick auf Hafen und Meer speisen Sie bei 🌿 *Ribar (tgl. | Palada | Tel. 051 85 64 61 | €€–€€€)* ausgezeichneten Fisch.

Ein Trip auf den Mond, ohne Raumanzug? Das geht auf dem Wanderweg *Put ka mjesecu* („Weg zum Mond", 7,5 km, 3 Std.). Vorbei am *Friedhof des Kirchleins Sv. Ivan* geht's bergauf bis zum

Die Dreifaltigkeitskirche in Baška: Urlaub in der Fototapete

● 🌿 *Mondplateau* in 380 m Höhe. Statt Schwerelosigkeit gibt es einen Rundum-Blick auf das Velebit-Gebirge – zum Abheben schön! Vom rund 100 m höher gelegenen 🌿 *Gipfel des Veli Hlam* ist das Panorama noch eindrucksvoller. Häufig sieht man hier Gänsegeier kreisen, die auf der vorgelagerten Insel Prvić nisten.

Ins INSIDERTIPP *Unterwasser-Naturschutzgebiet um Prvić* tauchen Sie unter mit *Squatina Diving (April–Sept. | Tel. 051 85 60 34 | www.squatinadiving.com)*. Fünf-Sterne-Komfort genießen die Gäste der *Atrium Residence (64 Zi. | E. Geistlicha 39 | Tel. 051 46 50 00 | www.hotelibaska.hr | €€€)*. Individueller ge-

KRK

führt wird das *Hotel Tamaris (15 Zi. u. 15 Apts. | E. Geistlicha 54b | Tel. 051 86 42 00 | www.baska-tamaris.com | €€)*. Auskunft: *Tourismusverband Baška (Kralja Zvonimira 114 | Tel. 051 85 68 17 | tz-baska.hr)*

über die *Uferpromenade* nähern, durch die Schneise in der gut erhaltenen *Stadtmauer* (15. Jh.) hindurchgehen und auf dem eleganten Hauptplatz *Vela Placa* stehen, auf dem ein Brunnen mit dem unvermeidlichen Markuslöwen daran

Hingucker in Krks Altstadt: die Zwiebelkappe, die die Frankopanen dem Kirchturm aufsetzten

BUCHT VON SOLINE 🟢
(142 C4, 143 D4) (*L6*)

Selbst wenn Sie noch nie daran gedacht haben, sich mal eine dicke, dunkelgraue Schicht 🌀 natürliche Fangoablagerungen auf die Haut zu schmieren – in der Bucht von Soline im Nordosten der Insel werden Sie es vermutlich tun. Das „for free"-Wellness-Programm für die Haut bietet sich einfach an, denn Fango gibt es am Strand: einfach einreiben, trocknen lassen und im Meer abwaschen! Auskunft: *Tourismusverband Dobrinj (Stara cesta | Šilo | Tel. 051 85 21 07 | www.tzo-dobrinj.hr)*

KRK-STADT ⭐ (142 C6) (*L7*)
Da stimmt doch was nicht! Wenn Sie sich der Altstadt von Krk (6500 Ew.)

erinnert, wer hier 400 Jahre lang das Sagen hatte, schweift Ihr Blick zum Turm der *Kathedrale Mariä Himmelfahrt (tgl. 9.30–13 Uhr | Eintritt 10 Kuna)*. Das ist es! Anders als die meisten Kirchtürme im Kvarner trägt dieser nämlich eine zwiebelförmige Kappe! Im Inneren überwältigt Sie opulentes Barock. Die Kathedrale ist übrigens mit der romanischen *Kirche Sv. Kvirina* verbunden. Wirklich schön ist ein vergoldetes Altarretabel von 1477, das alles überstrahlt. Auf dem Platz nebenan, *Trg Kramplin*, fallen gleich drei Objekte auf: das *Kastell* (12. Jh.), ein wuchtiger *Festungsturm* (11. Jh.) und ein runder ✳️ *Wachtturm (Mo–Sa 9–14 Uhr | Eintritt 10 Kuna)*.

Schattige Altstadtgassen, Herumbummeln und einen Blick in hübsche Souve-

INSELN KVARNER-BUCHT

nirgeschäfte werfen: Kein Problem, den ganzen Nachmittag in Krk-Stadt zu verbringen. Im Haus Ribarska ul. 7 ist ein römisches *Bodenmosaik* mit Meeresmotiv erhalten. Es stammt aus den früheren Thermen. Ein Kontrast ist die *Cocktailbar Volsonis* an der Vela Placa: Oben schlürft die Inseljugend zu Musikbeschallung Kaffee, unten hat der Besitzer Überreste der **INSIDER TIPP** römischen Stadtmauer und Thermen freigelegt. Die schönste Fotoperspektive auf die Altstadt eröffnet sich, wenn Sie durchs Freiheitstor *Vrata Slobode* am östlichen Ende der Ul. Strossmayer auf den kleinen Kai nach rechts spazieren.

Nach links geht es von hier zu *Nono (Krčkih Iseljenika 8),* dem Laden und der *konoba* eines Bio-Olivenbauern. Eine schattige Terrasse am Meer macht die *Konoba Corsaro (tgl. | Obala Hrvatske Mornarice 2 | Tel. 051 22 00 84 | €€)* zur ersten Wahl für ein Abendessen mit Pasta, Grillgerichten und Fisch. Urig und oft beängstigend eng geht es in der *Konoba Šime (tgl. | A. Mahnića 1 | Tel. 051 22 00 42 | €–€€)* zu, doch die Stimmung ist entspannt und die Küche hervorragend. Die Kult-Clubbar *Casa del Padrone (Šetalište Sv. Bernardina)* führt angeblich das beste Eis der Insel – und die Frankopanen-Torte erst, zum Niederknien! Hier chillen die jungen Krker tagsüber und feiern abends.

Nach so viel Sightseeing ab an den Strand. Kies und einige Betonplattformen östlich der Altstadt zeichnen den einfachen *Stadtstrand Dunat* aus. Weiter nach Osten finden Sie am *Dražica-Strand* sogar sandige Abschnitte und einen schattigen Pinienwald. Wer sich tagsüber gern auspowert und nachts auf Beachpartys feiert, ist am Strand *Porporela* westlich der Altstadt richtig. Umgeben von duftendem Kiefernwald wohnen Sie im schicken *Valamar Koralj (193 Zi. | V. Tomašića | Tel. 051 46 50 00 | www.valamar.com | €€).* Einfacher und individueller ist die *Vila Anna (5 Zi. u. 2 Apts. | Slavka Nikolića 30 | Tel. 051 22 22 20 | www.juresic-krk.com | €);* alle Zimmer haben Klimaanlage. Auskunft: *Tourismusverband Krk-Stadt (Vela placa 1/1 | Tel. 051 22 14 14 | www.tz-krk.hr)*

MALINSKA (142 B–C5) (K6)

Beachlife! In Malinska (1700 Ew.), dem beliebten Ferienort an der Nordwestküste, können Sie jeden Tag einen anderen Strand ausprobieren: Da gibt es flach abfallende Kiesstrände, betonierte Strände, zahllose kleine Felsbuchten wie *Haludovo* im Norden, den Kies-Sand-Strand *Rupa* in der Ortsmitte, dann solche für Hundebesitzer oder FKK-Jünger – zehn Strände verteilen sich über die umliegenden Ortschaften. So unterschied-

LOW BUDGET

Einfach und sauber sind die Ein- bis Vierbettzimmer der *Vila Rivijera (Mitte Mai–Mitte Sept. | 18 Zi. | Sv. Mikule 12 | Tel. 051 57 11 33 | www.tbcres.com)* in einer klassizistischen Villa am Stadtrand von Cres.

Preiswerte Zimmer sind rar im mondänen Punat auf Krk. Das *Hostel Halugice (20 Zi. | Novi put 8 | Tel. 051 85 40 37 | www.nazor.hr)* schafft mit farbenfroh eingerichteten Zwei- und Mehrbettzimmern Abhilfe.

Schont die Urlaubskasse: Mit Pizza und Palatschinken können Sie im *Žirafa (Palada 59)* in Baška nichts falsch machen. Mittags gibt's deftigen Eintopf für 25 Kuna.

lich die Bade-Geschmäcker sind, am Abend treffen sich alle wieder: Im Zentrum von Malinska, wo sich die Restaurants um den kleinen Yachthafen gruppieren. Der schattige *Paradiesweg* führt unter Eichen und Pinien ganz entspannt in den 5 km entfernten Badeort Njivice, wo wie in Malinska sehr viele Zimmer vermietet werden, für jeden Geschmack und Geldbeutel. Sportliche Naturen testen ihr Geschick an den *Wakeboards des Schlepplifts (im Sommer tgl. 10–19 Uhr | 14 Euro/Std. | www.wakeboarder.hr)* im nahen Porat. Die *Konoba Nino (tgl. | Lina Bolmarčića 27 | Tel. 051 85 90 11 | www.konoba-nino-malinska.hr | €€)* liegt hübsch am Hafen. Fisch vom Grill zählt zu den Spezialitäten. Eins der beliebtesten Lokale ist das Bistro *Bukarica (tgl. | Nikole Tesle 61 | Tel.051 85 90 22 | €€)*; entsprechend hoch geht es meist her. Trotz Andrangs sind die Speisen von bester Qualität und der Service freundlich. Für das nächtliche Feiervergnügen sorgt in Malinska der **INSIDER TIPP** *Club Boa (www.clubboa.com)*.

Eine originelle Unterkunft sind die Apartments im 500 Jahre alten ⓢ *Turm Krk (5 Apts. | Miholjice 75 | Mobiltel. in Deutschland 0179 5 29 26 86 | www.turm-krk.de | €€)* in Malinskas Nachbarort Sv. Vid: Das Wasser wird mit Solarstrom erwärmt. Ökologisch wirtschaften auch die Betreiber des einfachen ⓢ *Camp Glavotok (250 Stellplätze | Glavotok 4 | Tel. 051 86 78 80 | www.kamp-glavotok.hr | €)* im Schatten eines alten Eichenwalds.

Auskunft: *Tourismusverband Malinska (Obala 46 | Tel. 051 85 92 07 | www.tz-malinska.hr)*

PUNAT & KOŠLJUN (142 C6) (*L7*)

Kreisrund liegt die Bucht von Punat da. Sie ist so geschützt, dass das Wasser hier kaum richtige Wellen schlägt. Höchstens, wenn Boote in die große ACI-Marina einlaufen, ein Bananaboat davonbraust oder Actionhungrige ihre Runden mit dem Wasserskilift ziehen. Den Tag in *Punat* (1900 Ew.) vertreibt sich die Urlaubs-Crowd mit Baden am Kiesstrand oder im Straßencafé. Oder sie schnürt die Wanderstiefel, um zu Ruinen alter Kirchen und durch Olivenhaine zu stapfen – mit einer kostenlosen Wanderkarte, die es beim Touristenverband gibt. Highlight ist die *Klosterinsel Košljun (Überfahrt im Sommer tgl. 9–18 Uhr | hin und zurück 40 Kuna | Kloster/Museum Mo–Sa 9.30–17, So 10.30–12.30 Uhr | Eintritt 20 Kuna)*, die von Taxibooten angesteuert wird. Diese Ruhe! Das fanden vermutlich auch die Benediktiner, als sie sich im 11. Jh. hier niederließen, später folgten die Franziskaner. Diese hüten bis heute wertvolle Bibeln, aber auch Kuriosa wie ein ausgestopftes Lamm mit zwei Köpfen. Unter Skippern beliebt ist die *Konoba Sidro (tgl. | Obala 18 | Tel. 051 85 42 35 | €€)* mit rustikalem Holzmobiliar an der Uferpromenade. Im alten Teil Punats liegt die originelle **INSIDER TIPP** *Konoba Ribice (nur im Sommer tgl. | 17. travnja 95 | Tel. 091 1 84 13 01 | www.konoba-ribice.com | €–€€)*, die ausschließlich kleine Fische wie Anchovis und Sardinen sowie Scampi zu gemischtem Salat und Brot serviert. Mitra meets Meer: Dem alten Bischofspalast wurde ein maritimer Touch verpasst, nun dient er als *Hotel Kanajt (20 Zi. | Kanajt 5 | Tel. 051 65 43 40 | www.kanajt.hr | €€€)*, dessen Restaurant sich nicht nur bei den Schiffscrews großer Beliebtheit erfreut. Auskunft: *Tourismusverband Punat (Pod Topol 2 | Tel. 051 85 48 60 | www.tzpunat.hr)*

ŠPILJA BISERUJKA ● (143 D4) (*L6*)

Abkühlen können Sie sich nach Ihrem Fangobad in der Bucht von Soline in der sehenswerten Karsthöhle Špilja Biserujka, die bei Rudine in eine unterirdische

INSELN KVARNER-BUCHT

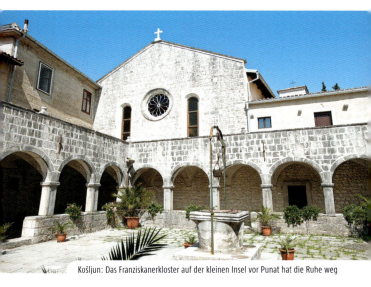

Košljun: Das Franziskanerkloster auf der kleinen Insel vor Punat hat die Ruhe weg

Tropfstein-Märchenwelt entführt. *April/Okt. tgl. 10–15, Mai/Juni 9–17, Juli/Aug. 9–18, Sept. 10–17 Uhr | Eintritt 30 Kuna | www.spilja-biserujka.com.hr*

STARA BAŠKA (143 D6) (*L7*)

In Stara Baška entschleunigen Sie, auch wenn das Dorf am Ende einer 7 km langen Stichstraße von Punat längst kein Geheimtipp mehr ist. Alles, was es für einen Urlaub braucht, ist da: Privatunterkünfte, Pensionen und wunderschöne Buchten mit karibisch-türkisgrünem Wasser. Klingt wie im Urlaubsprospekt? Ist es auch. Checken Sie in der *Pansion Nadia (15 Zi. | Stara Baška 253 | Tel. 051 84 46 63 | www.nadia.hr | €–€€)* ein: Die einfachen Zimmer macht die Top-Location am Meer wieder wett. Wer will sich da noch fortbewegen? Höchstens ins angeschlossene Restaurant für die traditionelle kroatische Küche. Oder zu *Eurodivers (Kontakt über Pansion Nadia oder www.euro-divers.com)* nebenan, um den Tauchschein zu machen oder Exkursionen zu buchen.

VRBNIK (143 D5) (*L6*)

Romantisch sind sie ja, die mittelalterlichen Kopfsteinpflastergassen von Vrbnik (1300 Ew.) – aber pures Gift für High Heels! Daher lieber ausgelatschte Sandalen anziehen, das senkt die Rutschgefahr. Das gilt auch nach einer Weinprobe, denn rund um Vrbnik wird der beste Inselwein, *Vrbnička Žlahtina*, nicht nur angebaut, sondern auch verkostet. Ach, vielleicht ist er sogar einer der besten Weißweine Kroatiens. Sie können ihn in verschiedenen Kellereien im Ort probieren, etwa im *Weinausschank Gospoja (Frankopanska 1 | Tel. 051 85 71 42 | www.gospoja.hr | €)*, wo es u. a. den hauseigenen, mehrfach preisgekrönten *Žlahtina Toljanić* gibt. Dort können Sie auch übernachten, im ersten Vinotel (€€€) der Region: Die 23 Zimmer sind stylisch, mit kitschfreiem Trauben-Design. Auch in der

LOŠINJ

Konoba Nada (tgl. | Glavača 22 | Tel. 051 85 70 65 | www.nada-vrbnik.hr | €€) bekommen Sie Žlahtina aus dem Familienbetrieb, dazu bäuerliche Gerichte aus der *peka* und frischen Fisch. Der Kiesstrand INSIDERTIPP *Potovošće* 2 km südlich von Vrbnik zählt zu den reizvollsten Stränden der Kvarner-Inseln; das Wasser ist atemberaubenden klar.

SCHIFFSVERBINDUNGEN

Seekrank werden Sie bei der Anreise vom Festland nicht: Ab Kraljevica geht es über die mautpflichtige, 1,4 km lange Brücke auf die Insel *(35 Kuna)*. Die ist Zwischenstopp auf dem Weg nach Cres *(Valbiska–Merag | www.jadrolinija.hr)* oder Lopar *(Rab | www.lnp.hr)*.

Viel zu sehen und zu kosten: Das malerische Vrbnik ist die Weinhauptstadt Krks

Auskunft: *Tourismusverband Vrbnik (Placa Vrbničkog statuta 4 | Tel. 051 85 74 79 | www.vrbnik.hr)*

FREIZEIT & STRÄNDE

Alleine relaxen Sie an den beliebten Stränden von *Baška*, *Malinska* und *Punat* nicht. Und das Wasser teilen Sie sich mit Tretbooten, Kajaks, Windsurfern oder Aquascootern. Ruhigere Buchten gibt's um *Stara Baška* und *Vrbnik*. Fahrradfahren geht prima entlang der Inselhauptstraße mit ausgebautem Radweg nebenan. Weitere Routen auf der App KrkBike.

AUSKUNFT

TOURISMUSVERBAND DER INSEL KRK
Trg Sv. Kvirina 1 | Krk | Tel. 051 22 13 59 | www.krk.hr

LOŠINJ

(146 A–C 3–6) (Ø J–K 10–11) **Wohl jeder, der von Cres kommend die Drehbrücke nach Lošinj überquert, wird sich nach wenigen Kilometern fragen, wie es kommt, dass diese beiden Inseln so unterschiedlich sind.**

INSELN KVARNER-BUCHT

Es fällt wirklich auf: Nach dem kargen, steinigen Cres wird es auf einmal grün. Und zwar so richtig. Da rahmen Kiefernwälder lauschige kleine Buchten ein, Glockenblumen und sogar Orchideen sprießen aus Trockenmauern. Kurbeln Sie das Autofenster runter und atmen Sie tief ein. Der Duft erinnert mancherorts an einen Badezusatz mit Rosmarin, Thymian und Salbei. Dass auf Lošinj (7800 Ew.) alles grüner ist, liegt nicht nur am milderen Klima, sondern an einer ● Ökobewegung Ende des 19. Jhs.: Diese pflanzte 300 000 Aleppo- und Schwarzkiefern.

ORTE AUF LOŠINJ

MALI LOŠINJ (146 B5) (*M K11*)

Mali (das kleine) Lošinj (8500 Ew.), ist heute die größte Siedlung auf der Insel und hat den Nachbarort *Veli* (das große Lošinj) an wirtschaftlicher wie touristischer Bedeutung überholt. Alte Kapitänshäuser in Pastellfarben scharen sich um das rechteckige Hafenbecken, in dem fast immer auch nachgebaute historische Segler vertäut sind. Diese *brigatini* waren bis Ende des 19. Jhs. der Stolz der Lošinjer Schifffahrt und segelten bis Amerika; ihre Kapitäne verdienten viel Geld, wie die stattlichen Häuser beweisen. Heute transportieren die motorisierten Ausführungen der *brigatini* Touristen auf Törns durch die Kvarner-Inselwelt.

Das malerische Zentrum rund um den Hafen ist dann auch die Hauptsehenswürdigkeit: Essen Sie ein Eis oder machen Sie einen Abstecher in den kleinen Fischmarkt, wo Sardinen und Co. frisch angeliefert werden – die Atmosphäre ist ziemlich gechilled. Der neue Shootingstar von Mali Lošinj ist zwar nicht mehr der Jüngste, aber ziemlich knackig. Frisch restauriert präsentiert sich der Apoxyomenos (kroat. *Apoksiomen*), eine altgriechische Bronzetatue im *Muzej Apoksiomena* (im Sommer tgl. 9–13, 18–22, im Winter Di–So 9–17 Uhr | Eintritt 50 Kuna | Riva lošinjskih kapetana 13 | www.muzejapoksiomena.hr). Eine Sensation: Die Statue zeigt einen Athleten, der sich nach dem Training säubert, ein Motiv, das bis dahin nur von Marmorstatuen bekannt war. Der Jüngling war lange Zeit unfreiwillig Single: Über 1800 Jahre lag er auf dem Meeresboden vor Lošinj. Ein Taucher fand ihn zufällig, das Facelifting dauerte fast 20 Jahre. Nun gehört ihm das moderne Museum alleine. Gedulden Sie sich: Sie werden zunächst mit modern und interessant aufbereiteten Hintergrundinfos auf die Folter gespannt, bevor Sie ganz am Schluss die tollen Bauchmuskeln des altgriechischen Athleten zu sehen bekommen.

Besuchenswert ist der Kräutergarten ● *Miomirisni Otočki Vrt* (März–Juni, Sept.–Dez. tgl. 8–15, Juli/Aug. 8.30–12.30, 18–21 Uhr | Eintritt frei | Bukovica 6 | www.miomirisni-vrt.hr) am Stadtrand, dessen Thema die Düfte und Aromen der Insel sind. Im angeschlossenen ● *Laden* werden Kräuter, Liköre, Honig und Salze aus Bioanbau verkauft. Einen Spaziergang auf den Spuren der Kurgäste aus der K.-u.-k.-Ära können Sie an der 2 km entfernten *Čikat-Bucht* unternehmen. Hier, in dem im 19. Jh. gepflanzten Kiefernwald, logierten die vornehmen Kurgäste in pompösen ● Villen – *Villa Hygeia, Villa Glencoe, Villa Alhambra, Villa Augusta*. Ein topmodern gestyltes Hotel mit wunderbarem Spa und Blick über die Sonnenbucht ist das **INSIDER TIPP** *Aurora* (393 Zi. | Sunčana uvala 4 | Tel. 051 66 11 11 | www.losinj-hotels.com | €€€).

Unter den Restaurants am Lošinjer Hafenbecken ist das *Nostromo* (tgl. | Priko 54 | Tel. 051 231784 | €€€) eine gute Wahl, der Fisch wird mit aromatischen Kräutern zubereitet. Günstiger speisen

LOŠINJ

Sie im *Lošinjsko Idro (tgl. | Sv. Marije 14 | Tel. 051 23 34 24 | €–€€)*, wo deftige Gerichte wie Lamm aus der *peka* auf der Karte stehen. Eine stilvolle Residenz am Hafen ist das komfortable *Hotel Apoksiomen (25 Zi. | Lošinjskih kapetana 1 | Tel. 051 52 08 20 | www.apoksiomen.com | €€€)*. Das Frühstück wird im hauseigenen *Wiener Café* serviert.

NEREZINE (146 B4) (*K10*)

Alle reden vom Entschleunigen. Ja, was soll man in dem netten kleinen Hafenort (400 Ew.) denn sonst machen? Morgens einen Kaffee trinken mit den Einheimischen an der Uferpromenade, wo die Fischer anlegen. Mittags ab an den *Strand Ridimutak*, mit Panoramablick auf Osor, kurz abkühlen im schattigen Pinienwald oder an der Beachbar. Und nachts? Sterne zählen. Oder sich bequem im *Hotel Televrin (13 Zi. | Obala Nerezinskih Pomoraca | Tel. 051 23 71 21 | www.televrin.com | €€)* einquartieren, dem früheren austro-ungarischen Hafenamt. Zollbeamte gibt es dort nicht mehr, dafür nette Hotelbetreiber, die frische regionale Zutaten in den Kochtopf werfen und auf der *Panoramaterrasse* am Hafen servieren.

VELI LOŠINJ ★ ● (146 B5) (*K11*)

Allein die Lage an einer fjordartigen Bucht macht aus dem ehemals „großen" Lošinj (1000 Ew.) einen Lieblingsort. Wie zur netten Begrüßung für die einlaufenden Schiffe thront die kostbar ausgestattete *Kirche Sv. Antuna* (18. Jh.) an der Einfahrt zum Hafenbecken. Und gegenüber, in der Ortsmitte, überragt ein *Wachtturm* mit Zinnenkrone die prächtigen *Kapitänshäuser*. Darin zeigt ein kleines *Museum (April–Mitte Juni Di–Sa 10–13, Mitte Juni–Mitte Sept. Di–So 10–13, 19–22 Uhr | Eintritt 35 Kuna)* eine Kopie des Apoksiomen, der griechischen Bronzestatue. Zwar steht das Stück jetzt im Schatten des Originals, nett ist das Museum, das altes Gerät und wechselnde Ausstellungen zeigt, dennoch. Dem Schutz und der Erforschung der etwa 120 Delphine im Kvarner-Archipel hat sich ● *Blue World* verschrieben. Interessierte können eine Patenschaft übernehmen. Die Ausstellung im *Infozentrum (Okt.–April Mo–Fr 10–14, Mai, Juni, Sept. Mo–Fr 10–16, Sa 10–14, Juli/Aug. tgl. 10–21 Uhr | Eintritt frei | Kuna Kaštel 24 | www.blue-world.org)* stellt die Arbeit der Meeresbiologen vor.

In der Rovenska-Bucht gleich neben der von Veli Lošinj schwingt Mario Sasso den Kochlöffel in seiner legendären *Bora Bar (tgl. | Rovenska 3 | Tel. 051 86 75 44 | €€–€€€)*. Sein Thunfisch-Carpaccio ist sensationell! An der Bucht lockt der *Rovenska-Strand* mit feinem Kies ins Wasser. Elegante Zimmer und den Blick auf den Hafen genießen die Gäste der *Vila Tamaris (10 Zi. | Obala M. Tita 35 | Tel. 051 86 79 00 | www.vila-tamaris.com | €€€)*.

FREIZEIT & STRÄNDE

Schnüren Sie die Bergstiefel! Den Weg zum 588 m hohen Inselberg *Televrina* schaffen Sie ab Nerezine oder Osor in drei Stunden. Oben gibt's zur Belohnung einen tollen Panorama-Ausblick auf das Inselarchipel.

Einen guten Ruf hat die deutschsprachige *Windsurf- und Katamaran-Schule Sunbird (Tel. 095 8 37 71 42 | sunbird.de)* an der Čikat-Bucht. Dort ist der moderne *Aquapark Čikat (Ende Mai–Ende Sept. 10/11–19/20 Uhr | www.camp-cikat.com)* mit Rutschen-Fun eine beliebte Alternative zum Strand. Die geschützte Rovenska-Bucht können Sie mit dem Doppel-Seekajak entdecken, das macht auch älteren Kids Spaß *(450 Kuna/Tag, www.val-losinj.hr)*.

INSELN KVARNER-BUCHT

VERKEHR/SCHIFFSVERBINDUNGEN

Linienbusse fahren von *Mali Lošinj* auf die *Insel Cres*, einige setzen von dort mit der Fähre aufs istrische Festland über. Fährschiffe verbinden *Lošinj* mit den vorgelagerten Inseln *Susak*, *Unije* und *Ilovik* (www.jadrolinija.hr).

AUSKUNFT

TOURISMUSVERBAND MALI LOŠINJ
Priko 42 | Tel. 051 23 18 84 | www.visitlosinj.hr

ZIEL IN DER UMGEBUNG

SUSAK (146 A5) (*ɯ* J11)
Die südwestlich von Lošinj liegende, 3,7 km² kleine Insel ist eine geologische Besonderheit im Archipel: Sie verfügt über richtige Sandstrände. Das sind sogar Sanddünen, was selten in der Region ist. Die beiden Inselorte *Donje Selo* und *Gornje Selo* verbindet ein *Treppenweg*. In Gornje Selo scharen sich kleine Steinhäuschen um die *Pfarrkirche St. Nikolaus*, in der ein kostbares, 4 m hohes Kruzifix gehütet wird: **INSIDER TIPP** *Veli Buoh*, der „große Gott", aus dem 12. Jh. Das Kreuz ging hinein, soll – ein Wunder! – nun aber nicht mehr zur Tür heraus passen! Wenige Schritte von der Kirche entfernt serviert man in der *Konoba Barbara (Susak 603 | tgl. | Tel. 051 23 91 28 | www.konoba.barbara-susak.org | €)* Lamm und Kalamari.

PAG

(147 D–F 3–6) (*ɯ* M–P 10–13) Auf drei Dinge sind die Bewohner der Insel Pag stolz: Auf ihren würzigen Schafskäse *Paški sir*, der in ganz Kroatien als Delikatesse geschätzt wird, auf die Spitzendeckchen (Unesco-Weltkulturerbe!) und das Pager Salz. Ach ja, die Feier-Crowd verbindet die Insel natürlich untrennbar mit dem berühmtesten Partystrand Kroatiens, Zrće bei Novalja.

Goldgelbe Pracht: Was lange reift, wird dann auch gut – Pager Käse

PAG

Nichts als grauer Felsen. Eine karge, lang gezogene Mondlandschaft, ganz nah an der Festlandküste. Gut, die Insel Pag (8400 Ew.) ist den Windstößen der Bora besonders stark ausgesetzt, die vom Velebit-Gebirge blasen. Doch warum in aller Welt sollte jemand Urlaub in dieser Einöde machen? Geduld! Einige Kilometer weiter, vorbei an Trockensteinmauern, wird es plötzlich grüner und mediterran – dort kommt die Bora nämlich nicht hin.

ORTE AUF PAG

INSIDER TIPP HALBINSEL LUN
(147 D–E 3–5) (*M10–11*)

Ruhe und Relaxen, dazu ist der Urlaub schließlich da. Wie wäre es mit einer leichten Wanderung durch die Olivengärten von Lun? Die knapp 20 km lange Halbinsel im Nordwesten, kaum mehr als einen Kilometer breit, ist ideal dafür: kargem Kalkstein, etwas Macchia, einigen Schafe begegnen Sie. Und Olivenbäumen! Teils in Gärten, teils wild wachsend. Einige haben bereits ein sprichwörtlich biblisches Alter von etwa 1000 Jahren erreicht. Falls Sie der Hunger packt: Einfach den Schildern *sir* folgen, dort verkaufen die Einheimischen den berühmten Pager Käse und sichern sich mit dem Schild *sobe* (Zimmer) den Lebensunterhalt. Übernachten Sie im *Luna Island Hotel (96 Zi. | Jakišnica | Tel. 053 65 47 00 | lunaislandhotel.com | €€)* oberhalb eines Felsstrands.

NOVALJA (147 E5) (*M11*)

Die Techno- und Houseszene hat den berühmtesten Inselstrand von Pag im Sommer fest im Griff: *Zrće* heißt das Sehnsuchtsziel der Party-People, gut 2 km außerhalb des Städtchens Novalja (3500 Ew.). Am Strand steigt die After-Beach-Party schon am späten Nachmittag. Bekannte Zagreber Clubs unterhalten Dependancen am Strand von Zrće – am beliebtesten sind *Aquarius*, *Papaya* und *Kalypso*; hinzu kommt das auf einer Plattform über dem Wasser erbaute *Noa Beach*. Welche angesagten DJs gerade auflegen oder welches Festival stattfindet, gibt's online: www.zrce.eu. Wer genug von Partys hat, geht unter die Erde: In Novalja versteckt sich der Eingang zu einem 2000 Jahre alten INSIDER TIPP **unterirdischen römischen Viadukt**, der originell ins *Museum (Juni–Okt. Mo–Sa 9–13, 18–22, So 18–22 Uhr | Eintritt 15 Kuna | Ul. Kralja Zvonimira 27 | muzej.novalja.hr)* eingebaut wurde. Damit wurde die Stadt in römischer Zeit mit Wasser versorgt. Novalja selbst hat auch einen flachen Kieselstrand, Hotels, Restaurants und die legendäre *Musikbar Cocomo (Obala K.P. Krešimira IV 16)*, in der gute Cocktails gemixt werden.

Für ein Romantikdinner mit Tier aus dem Meer empfiehlt sich das Restaurant *Stari Kaštel (tgl. | Trg Loža 6 | Tel. 053 66 14 01 | €€)*. Etwas außerhalb verbirgt sich das modern eingerichtete ● INSIDER TIPP *Hotel-Restaurant*

INSELN KVARNER-BUCHT

Boškinac (8 Zi. u. 3 Apts. | Novaljsko polje | Tel. 053 66 35 00 | www.boskinac.com | €€–€€€), eine Oase der Ruhe: Von seiner ☼ Terrasse blicken Sie über Weinberge und Felder, speisen fantasievoll variierte, mediterrane Gerichte und genießen Wein aus der hauseigenen Kellerei. Auskunft: *Touristenverband (Obala Petra Krešimira IV | Tel. 053 66 14 04 | www.visitnovalja.hr)*

PAG-STADT ★ (147 F6) (*O12*)

Spitzendeckchen haben für Sie den gleichen erotischen Touch wie fleischfarbene Mieder? Vergessen Sie Ihre Vorurteile. Denn in der Altstadt von Pag (3400 Ew.) kommen Sie einfach nicht drum herum: Kaum eine schmale Gasse, in der nicht eines dieser Accessoires ausliegt. An der Renaissancefassade der *Kirche Sv. Marija* entdecken Sie dann das Hauptmotiv der Deckchen: die Rosette. Renaissancebaukunst gibt es auch am *Palazzo* gegenüber. Schnell noch einen Abstecher zu den Überresten der Stadtmauer mit dem *Wehrturm Kula Skrivant* (15. Jh.). Keine Sorge, Verlaufen ist kaum möglich: Die Gassen der Altstadt kreuzen sich rechtwinklig und es gibt einen großen Stadtplatz. Ja, Pag entstand auf dem Reißbrett (15. Jh.). Das war notwendig, nachdem die alte Stadt, 1 km weiter nördlich, nach einer Epidemie aufgegeben wurde. Am alten Ort steht heute nur noch ein Kirchlein, dafür erstreckt sich ganz in der Nähe die größere der beiden *Pager Salinen*. Wie dort früher Salz gewonnen wurde, können Sie übrigens am Stadthafen von Pag, im alten Salzspeicher sehen: Moderne Videofilme, Werkzeug und ein herrlich großer Salzhaufen zum Anfassen lohnen den Abstecher ins *Salzmuseum (Mai–Okt. 10.30–12, 19–22 Uhr | Eintritt 10 Kuna | Prosika)*.

Am Hafen wartet die rustikale ☼ *Konoba Barcarola (tgl. | Šetalište V. Nazora 12 | Tel. 023 61 12 39 | €€)* mit Meeres- und Fleischspezialitäten auf Sie. Das *Dva Ferala (tgl. | Katine | Tel. 023 61 26 93 | €–€€)* ist berühmt für sein Lamm vom Holzkohlegrill. Die besten Feinkiesstrände liegen nördlich der Altstadt und fallen sanft ab. Dort steht auch das *Hotel Pagus (116 Zi. | Šetalište A. Starčevića 1 | Tel. 023 61 13 10 | www.hotel-pagus.hr | €€)* mit angenehmen Zimmern.

Pag: fast 60 km lang, aber schmal – da warten ungezählte Buchten mit flachen, weißen Kiesstränden

PAG

EINKAUFEN

SIRANA GLIGORA
Schafskäse ist weiß und krümelig? Nicht unbedingt. Der berühmte Pager Käse, der hier reift, ist goldgelb-würzig und schmeckt nach Wildkräutern, die die Inselschafe zwischen Trockenmauern kauen. Die Alternative zum Käselaib, den Sie hier kaufen können, sind übrigens Single-Packungsgrößen im Supermarkt. *Juni–Mitte Sept. 9–16 Uhr stdl. Führung, sonst nach Voranmeldung | 65 Kuna | Figurica 20 | Kolan | Tel. 023 69 80 52 | www.gligora.com*

FREIZEIT & STRÄNDE

14 Routen von insgesamt über 100 km Länge sind für Wanderer und Mountainbikefahrer auf Pag markiert. Eine kostenlose Karte hat der Tourismusverband. Tauchkurse und -exkursionen organisiert *Lagona Divers Pag (Pansion Mama | Livic 85 | Tel. 098 163 10 08 | www.lagona-divers-pag.com)* in Stara Novalja.

VERKEHR/ SCHIFFSVERBINDUNGEN

Sie haben die Wahl: Schiff oder Brücke? Eine Fährverbindung führt von *Prizna* (Festland) nach *Žigljen* (Pag); außerdem pendelt ein Katamaran von *Novalja* nach

HOL'S DER GEIER!

Könnten Schafe und Gänsegeier ihren Beziehungsstatus anklicken, würden sie vermutlich „Es ist kompliziert" auswählen. Gänsegeier ernähren sich nun mal von verendeten Schafen. Aber: Wo keine Schafe, da auch kein Geierfutter. Nachdem die extensive Schafzucht in der Kvarner-Inselwelt und Istrien aufgegeben wurde, schrumpfte die Geierpopulation so krass, dass vor 30 Jahren gerade mal 20 Paare auf Cres gezählt wurden. Das *Ökozentrum Beli (Mitte Mai–Mitte Sept. tgl. 10–18, sonst Di–So mind. bis 14 Uhr | Eintritt im Sommer 40,* *im Winter 25 Kuna | www.ju-priroda.hr/supovi.shtml)* in Beli kümmert sich um kranke Tiere, mit Erfolg: Über Cres, Krk sowie den Inselchen Prvić und Plavnik können Sie die seltenen Vögel (140 Paare gibt's) mit Glück entdecken, am besten gegen Mittag, wenn die Thermik die Vögel auftreibt.

Das Lieblingsplatz-Geheimnis ist übrigens leicht zu lüften: Auf Cres grasen die Schafe das ganze Jahr über auf den *ograjice* (mit Trockenmauern abgegrenzte Weiden) – und die Gänsegeier können ihren Job in aller Ruhe machen.

INSELN KVARNER-BUCHT

Hin oder weg? Vom Hafen in Novalja geht's nach Rab und Rijeka, aber wer will schon weg?

Rab und *Rijeka* (beide www.jadrolinija.hr) sowie von *Tovarnele* (Halbinsel Lun) nach *Rab* (www.rapska-plovidba.hr). Eine Brücke führt von der südlichsten Spitze Pags hinüber auf das Festland.

AUSKUNFT

TOURISMUSVERBAND PAG-STADT
Vela ul. | Pag-Stadt | Tel. 023 611286 | www.tzgpag.hr

RAB

(147 D–E 2–3) (ﾉﾉ L–M 8–9) Schön formuliert könnten Sie hier lesen, dass Rab aus der Luft wie ein Hummer wirkt, dessen Scheren nach Nordosten weisen. Mag sein. Doch wen interessiert das schon, wenn beim ersten Anblick der Insel Zweifel aufkommen, ob man nicht fälschlicherweise einen Urlaub auf dem Mond gebucht hat?
Abgeschliffener Felsen, grau, öde – so präsentiert sich die Festlandseite von Rab. Kehren Sie auf keinen Fall wieder um, denn auf der anderen Inselseite ist nicht nur das Gras grün: Olivenhaine, Weinstöcke, echte Sandstrände und – keine Frage – die schönste Inselhauptstadt in der Kvarner-Bucht erwarten Sie. Der erste Eindruck ist dann schnell wieder vergessen.

ORTE AUF RAB

LOPAR (147 D2) (ﾉﾉ M8)
Ohne Sandspielzeug ist der Fun-Faktor in den Buchten rund um Lopar an der Nordküste nur halb so hoch: herrlicher Buddelsand, den es sonst in Kroatien selten gibt, und ein Strand, an dem Sie erst mal ein paar Minuten ins Meer laufen müssen, um nasse Knie zu bekommen. *Rajska plaža*, Paradiesstrand, heißt das Sehnsuchtsziel vieler Familien mit jüngeren Kids; die übrigen Strände hier sind meist für FKK-Jünger reserviert. Das war es dann aber auch schon mit Was-tun-in-Lopar-Tipps. Also: Sandschaufel nicht vergessen und Stranduralub satt machen.
Auskunft: *Tourismusverband Lopar* (Tel. 051 775508 | www.lopar.com)

RAB

RAB-STADT ⭐ (147 D3) (📖 M9)

Dieses Postkartenmotiv hat Rab so berühmt gemacht hat: Vier markante Kirchtürme staffeln sich auf der Landzunge der Inselhauptstadt Rab (440 Ew.) hintereinander zum höchsten Punkt. Da müssen Sie unbedingt hinauf. Am besten durch die befestigte mittelalterliche *Altstadt*. Die Orientierung ist recht einfach: Merken Sie sich einfach die drei parallel verlaufenden schmalen Gassen. In der *Gornja* (obere) *ulica* finden Sie die wichtigsten Kirchen, in der *Donja* (untere) *ulica* und *Srednja* (mittlere) *ulica* hingegen Kellerkneipen, begrünte Innenhöfe und kleine Geschäfte. Wenn Sie nur wenig Zeit haben, konzentrieren Sie sich auf die *Srednja ulica*, die bei einer *Renaissanceloggia* und dem *Uhrturm* gegenüber endet. Von hier gelangen Sie auf den großzügigen Platz ☀ *Trg Municipium Arba*: Das Forum, auf dem sich einst die alten Römer trafen, ist ein guter Kaffeestopp mit unverstelltem Hafenblick. Gönnen Sie sich unterwegs ein Eis; die *gelatieri* von Rab haben einen hervorragenden Ruf! Aber eigentlich wollten Sie da gar nicht hin, sondern suchen die Kirchtürme ... Ja, richtig. Also ab durch den schattigen ● *Stadtpark Komrčar*, mit uralten Bäumen und hohem Romantik-Faktor. Bergauf erscheint das *Kastell* mit ☀ *Christo-*

Torbögen, Innenhöfe, Treppchen – vielfältige Ein-, Aus- und Durchblicke in Rabs Altstadtgassen

phorus-Turm (12. Jh.). Dann sind Sie in der *Gornja ulica*. Nehmen Sie sich dort die Kirche *Sv. Križa* (Heiligkreuz, 13. Jh.) vor, eine tolle Konzertkulisse für Raber Musikabende. Ein kurzer Blick ins Innere (mit barockem Marmoraltar) reicht aus. Folgen Sie der Gasse und merken Sie sich auf dem kleinen Platz die Treppe, die zum **INSIDER TIPP** *Stadtstrand in der Bucht Sv. Eufemija* hinunterführt. Bleiben Sie jedoch noch kurz oben, denn fast an der Südspitze der Altstadt erhebt sich die alte *Kathedrale Mariä Himmelfahrt* (Juli–Aug. 9.30–13, 19.30–22 Uhr, sonst

INSELN KVARNER-BUCHT

verkürzt | Eintritt 7 Kuna). Die dreischiffige Basilika (13. Jh.) können Sie gar nicht verfehlen. Sie erkennen Sie an den rosa-weißen Steinquadern an der Fassade. Der 26 m hohe romanische 🌿 *Glockenturm (Eintritt 15 Kuna)* wurde 10 m versetzt gebaut. Nichts wie hinauf, der Ausblick über Stadt und Meer ist wirklich toll. Ein typisches Kellerlokal ist die *Konoba Rab (tgl. | Kneza Branimira 3 | Tel. 051 72 56 66 | €€)*. Ihre Spezialität ist ein Kutteleintopf, aber Sie bekommen hier natürlich auch Grillgerichte und Fisch. Blick auf den Hafen von oben bietet die 🌿 Terrasse des *Restaurants Astoria (tgl. | Dinka Dokule 2 | Tel. 051 77 48 44 | www.astoria-rab.com | €€€)*. In elegantem Ambiente wird wunderbare Fischküche zelebriert. 🟢 *Natura Rab (Barbat 677)* hat Honig, Lavendel und andere Naturprodukte aus ökologischem Anbau im Angebot. Nicht weit entfernt pflegt 🟢 *Rab Pur (Barbat 406 | Tel. 051 72 10 78 | rab-pur.com)* den Duft- und Aromengarten *Salvia Arba*. Für Do-it-yourself-Fans gibt es dort tolle Handarbeiten aus lokaler Schafswolle und andere Naturprodukte.

Eine **INSIDER TIPP** Paddeltour in Rabs Geschichte können Sie bei *Sea Kayak Croatia (ca. 30 Euro/4 Std. | auch Bootsverleih | Tel. 099 3 22 70 06 | www.seakayak. hr)* buchen. Das ruft nach einem Ausgleich am Abend: Am besten am Pudarica Beach. Rabs bekannter Club *San Antonio (Trg Municipium Arba 4 | www.sanantonio-club.com)* stellt in der Saison dort Bar und DJ-Pult auf, nennt das Ganze *Santos Club (Pudarica Beach | Banjol)* und ab geht die Post. Wer feiert, wird ja auch mal ausschlafen dürfen. Am besten mittendrin im Geschehen, im eleganten *Hotel Arbiana (28 Zi. | Kralja Krešimira 12 | Tel. 051 72 55 63 | www.arbianahotel. com | €€€)*. Der Stadtpark im Rücken, das Meer vor der Tür und absolute Ruhe sind die Pluspunkte der *Pansion Tamaris (16 Zi. u. 3 Apts. | Palit 285 | Tel. 051 72 49 25 | de.tamaris-rab.com | €–€€)*. Ausgeschlafen geht's aufwärts. Das 🌿 *Kamenjak (tgl. | Anfahrt ca. 4 km mit dem Auto auf Schotterstr. | Banjol 286a | Tel. 098 9 73 31 70 | €€)* auf dem gleichnamigen höchsten Gipfel (408 m) der Insel lohnt sich. Der Adriablick von hier oben ist toll. Aber wenn das Schmorfleisch *Rapska paštičada* erst einmal auf Ihrem Teller liegt, werden Sie ohnehin kaum Augen für etwas anderes haben. Das Fleisch hat übrigens eine lange Marinade-Nachtschicht in Rotwein hinter sich.

FREIZEIT & STRÄNDE

So fein wie der Sand von Lopar ist auch der Kies am Strand *Punta Kampora*, in der Bucht von Kampor, im Norden. Besorgen Sie sich eine kostenlose Wander- und Fahrradkarte bem Tourismusverband und dann geht's von Rab-Stadt zum Aussichtspunkt Kamenjak (1 Std.) oder zum geschützten Steineichenwald auf der *Halbinsel Kalifront* (2–3 Std.). Alles ist gut ausgeschildert.

SCHIFFSVERBINDUNGEN

Von *Stinica* auf dem Festland verkehren Fähren nach *Mišnjak* im Südosten; eine Fähre von *Rab-Stadt* nach *Tovarnele* verbindet Rab mit der Insel *Pag* (beide www. rapska-plovidba.hr). Zwischen *Lopar* und *Valbiska* auf der Insel *Krk* gibt es ebenfalls eine Fährverbindung *(www.jadrolinija. hr)*. Mit dem Katamaran gelangen Sie von Rab nach *Novalja (Pag)* oder nach *Rijeka (www.jadrolinija.hr)*.

AUSKUNFT

TOURISMUSVERBAND RAB
Trg Municipium Arba 8 | Rab-Stadt | Tel. 051 72 40 64 | www.tzg-rab.hr

ERLEBNISTOUREN

1 ISTRIEN UND KVARNER-BUCHT PERFEKT IM ÜBERBLICK

START: ❶ Koper, Slowenien
ZIEL: ㉔ Kap Savudrija, Kroatien

14 Tage
reine Fahrzeit
15 Stunden

Strecke:
➡ 800 km

KOSTEN: rund 1700 Euro (Benzin ca. 100 Euro, Fähre/2 Pers. + PKW ca. 45 Euro, Fahrradmiete ca. 6 Euro, Eintritte ca. 50 Euro, Übernachtungen ca. 900 Euro, Essen ca. 600 Euro)

MITNEHMEN: Badesachen, Sonnenschutz, Regenjacke

ACHTUNG: Packen Sie wegen der Felsstrände Badeschuhe ein. In der Hochsaison ist an den Fähren mit längeren Wartezeiten zu rechnen.
Grenzübertritt: Fahrzeugpapiere (Grüne Karte) nicht vergessen

Sie wollen die einzigartigen Facetten dieser Region entdecken? Dann los! Noch einfacher wird es mit der Touren-App: Laden Sie sich die Tour über den QR-Code auf Seite 2/3 oder über die Webadresse in der Fußzeile auf Ihr Smartphone – damit Sie auch offline die perfekte Orientierung haben. Bei Änderungen der Tour ist die App auf dem neuesten Stand und weicht ggf. von den Erlebnistouren im Buch ab. In diesem Fall finden Sie in den Events & News (s. S. 2/3) die neueste Tour als PDF.

→ S. 2/3

Diese Tour führt Sie zu den Höhepunkten der vielseitigen Ferienregion Istrien und Kvarner-Bucht – sie zeigt Ihnen die malerischsten Städte, lenkt Sie durch beeindruckende Landschaften, entdeckt mit Ihnen verschwiegene Strandbuchten und nimmt Sie mit in *konobe*, in denen Sie wie ein Familienmitglied empfangen und beköstigt werden. Kurzum, sie zeigt von allem das Beste.

Nur gut 40 km istrische Küste gehören zu Slowenien, doch hier wetteifern architektonische Highlights mit faszinierenden Kultur- und Naturlandschaften. Starten Sie gegen 10 Uhr in der Hafenstadt ❶ **Koper** → S. 36 und gönnen Sie

TAG 1

❶ Koper

Bild: Kap Kamenjak

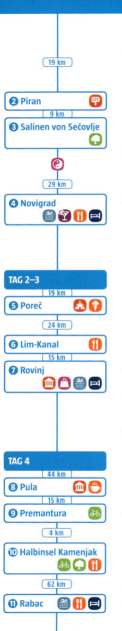

sich auf dem bezaubernden Hauptplatz **Titov trg** im **Café Loggia** einen Cappuccino. **Die neue Umgehungsstraße H6 führt Sie nach Izola → S. 32 und durch eine malerische Pinienallee 15 km bis zur Abzweigung nach Portorož und Piran.** Stellen Sie Ihr Fahrzeug auf dem Parkplatz Fornače (1,70 Euro/Std.) ab und erkunden Sie ❷ **Piran → S. 37** zu Fuß. Den slowenischen Schlusspunkt bildet der Naturpark der ❸ **Salinen von Sečovlje → S. 41**. Gönnen Sie sich einen entspannenden Besuch im dortigen **Lepa Vida Thalasso Spa → S. 40**. **Sie passieren die slowenisch-kroatische Grenze, brechen auf der R 200 nach Süden Richtung Buje auf und halten sich gleich rechts in Richtung Umag und Novigrad.** Die Landstraße führt Sie ans Meer nach ❹ **Novigrad → S. 47**, wo es Zeit wird für den ersten Übernachtungsstopp. Den Aperitif genießen Sie zum Sonnenuntergang in der Bar **Vitriol → S. 48**, das Abendessen im angesagten **Marina → S. 48**. Zum Übernachten empfiehlt sich das komfortable Hotel **Maestral → S. 48**.

Am nächsten Morgen noch ein kurzer Sprung ins glasklare Meer, dann **geht's gen Süden** nach ❺ **Poreč → S. 52** mit der faszinierenden **Euphrasius-Basilika → S. 53** und einem lauschigen Altstadtkern – gönnen Sie sich ein Eis, es schmeckt hier besonders gut. **Auf der Weiterfahrt passieren Sie kurz vor Rovinj den ❻ Lim-Kanal → S. 54**, idealer Ort fürs INSIDERTIPP **Mittagessen mit frischen Austern!** ❼ **Rovinj → S. 62** ist ein fotogenes, venezianisch geprägtes Städtchen; bummeln Sie durch die Künstlergasse **Grisia → S. 64**, bevor sie an der Blauen Lagune eine Badepause einlegen. Auch hier empfehlen sich mindestens eine, möglichst zwei Übernachtungen, z. B. in der nostalgischen **Villa Tuttorotto → S. 65**.

Die nächste Etappe **führt auf der R 21 über Bale in die lebhafte Hafenstadt ❽ Pula → S. 55**, berühmt für ihre römischen Bauten wie das **Amphitheater → S. 56** und das Forum, wo ein Kaffee im originellen **Kunstcafé Cvajner → S. 57** Pflicht ist. In ❾ **Premantura → S. 59**, 12 km südlich, leihen Sie sich im **Windsurfcenter → S. 59** ein Fahrrad und erkunden den Südzipfel Istriens, die buchtenreiche ❿ **Halbinsel Kamenjak → S. 59**! An ihrer Spitze gibt's ein deftiges Mittagessen in der originellen, aus Sperrmüll und Schilf erbauten **Safari Bar → S. 60**. **Nach Nordosten erreicht die Route auf der R 66 das malerische Labin → S. 60**, zu dessen Füßen der Badeort ⓫ **Rabac → S. 60** mit herrlichen Strandbuchten und komfortablen Hotels

ERLEBNISTOUREN

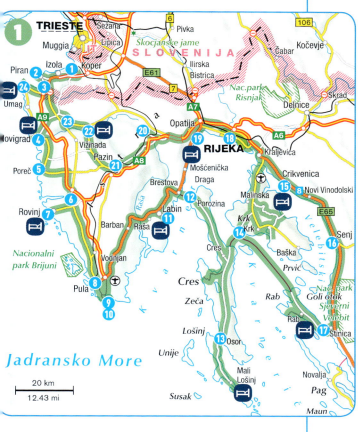

wie dem schicken, puristischen **Adoral** lockt. Ein delikates Fischessen bei **Lino 1** beschließt den Tag.

Am folgenden Morgen heißt's früh aufstehen. **Vom Hafen Brestova pendeln ab 6.45 Uhr Autofähren** zur kargen Insel ⑫ **Cres → S. 80**, und oft stauen sich später am Vormittag die wartenden Fahrzeuge auf mehrere hundert Meter Länge. **Auf der Inselhauptstraße E100 passieren Sie** die venezianische **Stadt Cres → S. 82** mit ihren idyllischen Hafenbecken und den Kreuzgängen im **Kloster Sv. Frane**. **Ein Abstecher führt zur** malerischen Bucht von **Valun → S. 84**, wo das **MaMaLu** zur Mittagsrast lädt. Im archaischen Bergdorf **Lubenice → S. 83** genießen Sie den Pan-

TAG 5–6

33 km

⑫ Cres

oramablick. **Bei der weitgehend verlassenen Museumsstadt Osor geht's auf die Nachbarinsel ⓭ Loŝinj → S. 90.** Üppiges Grün und das milde Klima machten Lošinj früh zum beliebten Luftkurort. Nehmen Sie sich Zeit für Bilderbuchstädtchen wie **Nerezine → S. 92**, wo Schiffe nach traditionellem Vorbild gebaut werden, das quirlige **Mali Lošinj → S. 91**, an dessen Hafen zahllose Ausflugsschiffe auf Gäste warten, und **Veli Lošinj → S. 92** mit den imposanten Kapitänshäusern. In der **benachbarten Rovenska-Bucht** sollten Sie zum Abendessen unbedingt in der **Bora Bar** einkehren! Restaurierte Gründerzeitvillen schmücken die buchtenreiche Küste, und komfortable Hotels bieten sich für zwei weitere Übernachtungen an.

Auf gleicher Strecke geht's zurück auf die Insel Cres und auf der E101 nach Merag, wo die Fähren nach Valbiska auf ⓮ Krk → S. 84 übersetzen. Die **E102** führt zur romantischen Inselhauptstadt **Krk → S. 86**. Gönnen Sie sich nach dem Stadtbummel und dem Besuch der **Kathedrale** einen Espresso in der **Cocktailbar Volsonis**, in deren Untergeschoss Reste der römischen Stadtmauer erhalten sind. Über **Punat → S. 88** mit seiner klösterlichen Kultur und das Weinstädtchen **Vrbnik → S. 89 erreichen Sie die Brücke Krčki Most und das Festland. Die gut ausgebaute D 8 passiert Richtung Südosten** beliebte Badeorte wie ⓯ **Crikvenica → S. 66**, wo das nostalgische Hotel **Kvarner Palace → S. 69** zum Bleiben einlädt – oder der beliebte flache Stadtstrand zu einer Runde Beachvolleyball.

Es geht die Küste hinab nach ⓰ Senj → S. 69 mit der **Festung Nehaj → S. 69**, einer Burg der Uskoken. **Noch weiter südlich setzen Sie von Stinica nach ⓱ Rab → S. 97** über, der grünsten der Kvarner-Inseln. Die **Altstadt → S. 98** des gleichnamigen Inselhauptorts und die von Wanderwegen durchzogene **Halbinsel Kalifront → S. 99** begeistern Sie mit Kultur und Natur. Eine Übernachtung vor dieser Altstadtkulisse, etwa im **Hotel Arbiana → S. 99**, in dem Sie bei Kerzenschein im parkähnlichen Garten wunderbar speisen können, beschließt den Tag.

Am Morgen geht's **auf der Inselhauptstraße nördlich** nach **Lopar → S. 97** mit seinem flachen Sandstrand **Rajska plaža**. Nach einem erfrischenden Bad bringt Sie die **Fähre nach Valbiska auf Krk, wo Sie über die Brücke aufs Festland zurückkehren. Nun folgt die Route der Adriamagistrale nach Nordosten** bis in die Hafenstadt ⓲ **Ri-**

ERLEBNISTOUREN

jeka → S. 76, auf deren Korzo zahllose Läden und Cafés Sie die Zeit vergessen lassen. Werfen Sie einen Blick ins **Nad Urom** – tagsüber schickes Café, nachts angesagter Club! Die Zeit der Donaumonarchie beschwört am schräg gegenüberliegenden Küstenabschnitt ⑲ **Opatija → S. 73** mit renovierten Villen der Habsburger Ära herauf. Um das Wellness- wie das kulinarische Angebot der K.-u.-k.-Riviera so richtig auskosten zu können, sollten Sie hier auf jeden Fall übernachten und in der urigen **Konoba Tramerka** zu Abend essen.

Durch den Tunnel Učka fahren Sie am folgenden Tag auf der autobahnähnlich ausgebauten A 8 ins istrische Kernland mit wehrhaften Bergstädtchen wie ⑳ **Hum → S. 45** und ㉑ **Pazin → S. 50**. Die **Zip Line Pazinska jama** bietet adrenalinlastiges Abenteuer: Mit 65 km/h rasen Sie über die Paziner Schlucht. **Auf der R 48 und Nebenstraßen erreichen Sie ㉒ Motovun → S. 45**, wo die rustikale Konoba **Pod Napun** regionale Delikatessen auftischt. Eine kurze Etappe in nordwestlicher Richtung bringt Sie nach ㉓ **Grožnjan → S. 49**, wo jeden Sommer die Jugend der Welt musiziert, Kunstgalerien und Cafés wie die **Bar Vero** mit weitem Blick übers grüne Istrien warten. **Die R 44 bringt Sie zum ㉔ Kap Savudrija → S. 50** zurück an die Küste: Hier können Sie die Tour mit zwei, drei entspannten Tagen im Luxushotel **Kempinski Adriatic** beschließen.

2 MIT DEM FAHRRAD ENTLANG DER SCHMALSPURBAHN

START: ❶ Koper, Slowenien
ZIEL: ⓭ Poreč, Kroatien

2 Tage
reine Fahrzeit
10 Stunden

Strecke: Schwierigkeitsgrad:
→ 100 km mittel

KOSTEN: ca. 180 Euro (Fahrradverleih, Übernachtung, Essen, Eintritt)
MITNEHMEN: Mountainbike, Ausweis, Badezeug, Taschenlampe

ACHTUNG: Fahrradverleih: **Istranka** (Ukmarjev trg 7 | Koper | April–Okt. 8–19 Uhr | Rücktransport für 2 Pers. inkl. Fahrräder 90 Euro nach Vereinbarung | Tel. 05 6 27 21 40 | www.istranka.si)
Die Route ist im slowenischen Teil (20 km) asphaltiert, im kroatischen verläuft sie auf Schotterstraßen.
Übernachtung im ❻ **Hotel Parenzana** reservieren!

Die Tour folgt der Trasse der historischen *Schmalspurbahn Parenzana*, die 1902 bis 1935 zwischen Triest und Poreč verkehrte. Sie ist durchaus anspruchsvoll – einige Steigungen haben es in sich –, belohnt die Strapazen aber mit immer neuen, faszinierenden Ausblicken auf das inneristrische Hügelland und seine wehrhaften Städtchen.

TAG 1

- **1 Koper**
- 7 km
- **2 Izola**
- 8 km
- **3 Portorož**
- 4 km
- **4 Salinen von Sečovlje**
- 6 km
- **5 Kroatische Grenze**

Die Schmalspurbahn Parenzana von Triest nach Poreč wurde 1902 in Betrieb genommen, 1935 aber wieder eingestellt. Bei 7 Std. Fahrtdauer für knapp 120 km war die Bahn einfach nicht effektiv. Eine originale Lokomotive der ersten Bahn schmückt heute den Bahnhof von **1 Koper → S. 36**, wo Sie die Tour gegen 9 Uhr morgens am besten starten, denn die Streckenführung von Triest bis Koper ist in Italien kaum markiert. **7 km am Meer entlang der verkehrsberuhigten Küstenstraße sind es bis 2 Izola → S. 32** mit seinem vor allem für Kinder sehenswerten **Izolana → S. 120**, das die Geschichte der Bahn dokumentiert. **Dann folgt der Radweg der Autostraße und umgeht größere Steigungen durch die beiden Tunnel Šalet und Valeta**. Auch im weiteren Verlauf sind mehrere alte Eisenbahntunnel zu passieren. Sie sind unbeleuchtet, aber meist nur kurz, sodass die Durchquerung kein Problem darstellt. Schließlich sehen Sie **3 Portorož → S. 39** mit seinen Strandcafés und Restaurants vor sich, ein guter Ort für eine erste Rast. Empfehlenswert und preiswert ist die **Ribja Kantina Fritolin → S. 38**, ein einfaches Fischlokal, in dem die Einheimischen essen.

Ein kurzes Stück müssen Sie anschließend auf der viel befahrenen Küstenstraße radeln, dann dürfen Sie wieder abbiegen und dem Radweg zu den **4 Salinen von Sečovlje → S. 41** folgen. Besuchen Sie den südlichen, aufgelassenen Teil *Fontanigge*, den sich die Natur zurückerobert hat. Mit etwas Glück können Sie Seidenreiher, Stelzenläufer oder gar Flamingos beobachten. Hier haben Sie auch die **5 Kroatische Grenze** erreicht. Sanft steigt der Radweg nun an. Der bequeme slowenische Belag weicht einem holprigen Untergrund, dafür sind die Ausblicke auf die Salinen fantastisch! **Nun radeln Sie durch Wald und Felder in Richtung Kaldanija, über Volpija und**

ERLEBNISTOUREN

Schönes Ambiente, kraftspendende Drinks: In Grožnjans Energy-Bar Kaya tanken müde Radler auf

Buje weiter südwärts. Auch wenn Sie noch Energie haben – das ❻ INSIDER TIPP **Hotel Parenzana** *(16 Zi. | Volpia 3 | Tel. 098 43 47 48 | www.hotelparenzana.com | €€)* direkt an der Trasse empfiehlt sich als radlerfreundliches Familienhotel mit gutem Restaurant.

Im weiteren Verlauf sind immer wieder alte Eisenbahntunnel zu passieren, und schließlich ist der ehemalige Bahnhof von ❼ **Grožnjan → S. 49** erreicht, von dem sich ein fantastischer Blick auf das Künstlerstädtchen eröffnet. Der Bahntrassenweg führt im Tal an Grožnjan vorbei, aber ein Besuch lohnt unbedingt. Bei einem Smoothie in der **Energy-Bar Kaya** *(Vincenta iz Kastva 2 | €)* mit einem weiteren, atemberaubenden Panorama Inneristriens vor Augen sind die schmerzenden Waden nach dem steilen Anstieg (ca. 100 Höhenmeter) schnell vergessen. **Zurück auf der Parenzana geht es durch den knapp 187 m langen Tunnel Kalcini.** Bis vor Kurzem wurden hier noch wegen des geeigneten Mikroklimas Champignons gezüchtet. Sie werden aber keine mehr finden. Steigen Sie lieber ab und schieben Sie das Rad, denn der Tunnel ist unbeleuchtet und Sie sehen kaum, worauf Sie fahren.

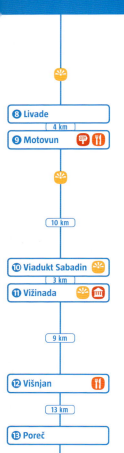

In Serpentinen radeln Sie vorbei an fast verlassenen Weilern wie Završje, an Gemüsegärten und Olivenhainen. **Dann senkt sich die Trasse hinunter ins Tal der Mirna** – die Panoramen sind fantastisch. Links und rechts thronen winzige Städte auf Hügelkuppen; die Landschaft ist üppig und grün, kleinere Tunnels und längere Viadukte sorgen für Abwechslung, bis Sie schließlich bei ❽ **Livade → S. 46** im Mirnatal auf 15 m Meereshöhe angekommen sind. Voraus lockt die romantische Silhouette von ❾ **Motovun → S. 45** auf dem 277 m hohen Hügel – eine weitere Herausforderung für die Kondition! Der INSIDER TIPP **Abschnitt Grožnjan–Motovun** ist wegen seiner Vielseitigkeit übrigens auch als Tagesgenusstour geeignet, denn es sind kaum Steigungen zu bewältigen und die Ausblicke auf die beiden Bergstädtchen sind grandios!

Vorbei am alten Bahnhof Motovun und durch einen 222 m langen Tunnel wendet sich der Weg in Richtung Vižinada und wieder bergauf. Am ❿ **Viadukt Sabadin** lohnt sich ein Fotostopp – die historische Eisenbahnbrücke schwingt sich besonders elegant über das Tal. Bis ⓫ **Vižinada** folgen Sie ihm auf teils steiler Strecke durch Hügellandschaft. Bei dem ruhigen Städtchen sind Sie schließlich am höchsten Punkt (270 m) und an einer historischen Bahnstation angekommen, vor der eine Lokomotive an die Parenzana erinnert. **Der Radweg unterquert die Schnellstraße und verläuft parallel zu ihr nach Süden** bis zum alten Bahnhof von ⓬ **Višnjan**, wo die **Konoba Stacjon** (Farini 1 / Tel. 052 44 94 42 / €€) hungrige und durstige Radler mit Spanferkel und selbst gebackenem Brot bewirtet. Dann folgt der weitgehend flache, aber immer noch holperiger Trasse geführte Schlussabschnitt bis ⓭ **Poreč → S. 52**.

3 DER ALTEN SCHRIFT AUF DER SPUR

START: ❶ Rijeka
ZIEL: ❿ Beli

Strecke: ➡ **165 km**

3 Tage
reine Fahrzeit
4 Stunden

KOSTEN: ca. 250 Euro (Benzin 20 Euro, Fährpassage 20 Euro, Übernachtungen ca. 120 Euro, Essen ca. 90 Euro)

ERLEBNISTOUREN

Eine ideale Kombination von kulturellen Highlights und Strandvergnügen erleben Sie auf dieser Tour, die Sie zu den glagolitischen Zeugnissen auf der Insel Krk und auf die Nachbarinsel Cres führt. Lassen Sie sich ruhig drei Tage Zeit. Übernachten Sie im Badeort Baška, im romantischen Krk und im ländlichen Beli auf Cres.

Von ❶ **Rijeka → S. 76**, wo Sie gegen neun Uhr morgens starten, **sind es knapp 25 km auf der Autobahn E 65 bis zur mautpflichtigen Brücke zur Insel** ❷ **Krk → S. 86**. Eindrucksvoll demonstrieren die kahl abgeschliffenen Bergrücken des Eilands die verheerende Kraft des Fallwinds Bora. Doch **kaum ist die Gebirgsschranke passiert,** zeigt Krk sich von seiner lieblich-grünen Seite. Öffnen Sie die Fenster – der Duft der Macchia ist einfach betörend! **Nach 18 km auf der Inselstraße erreichen Sie das hübsche** ❸ **Dobrinj**. Hier gibt es einen frei zugänglichen **Glagoliza-Park**, in dem Steine mit eingemeißelten Schriftzeichen an die altkroatische Kirchenschrift Glagoliza erinnern. Sie wurde in den Kirchen und Klöstern von Krk bis ins 19. Jh. gepflegt; ihre Blütezeit erlebte sie vom 12. bis 14. Jh., bevor das Lateinische sie ablöste. Eine weitere Steintafel aus dem 16. Jh. schmückt die Kirche **Sveti Stjepan**. **Über Weiler wie Gostinjac und Risika erreichen Sie nach Süden fahrend Krks Weinhauptstadt** ❹ **Vrbnik → S. 89.** Den spritzigen Weißwein *Vrbnička Žlahtina* können Sie in verschiedenen Vinotheken verkosten und kaufen. Verkostung und Mittag-

Die zauberhafte Landschaft um Beli erschließt sich auf dem Tramuntana-Rundweg

essen lassen sich auf der Panoramaterrasse der **Konoba Nada → S. 90** verbinden, das zu einer angesehenen Kellerei gehört – zu einem INSIDERTIPP Meeresfrüchtesalat mit Blick aufs Meer schmeckt der Wein noch besser! Steintafeln mit Glagoliza-Inschriften finden sich in Vrbnik allerorten, so am Glockenturm der **Pfarrkirche**, denn der Ort war im 14./15. Jh. ein Zentrum der glagolitischen Kultur. Auf dem Hauptplatz erinnert ein Denkmal an Blaž Baromić, der 1450 in Vrbnik geboren wurde. Baromić betrieb später in Senj die erste Glagoliza-Druckerei Kroatiens. Aber nicht nur für diesen prominenten und gelehrten Mitbürger ist Vrbnik berühmt – es besitzt auch schöne Strände, so die idyllische Kiesbucht **Potovošće → S. 90**.

Sie kehren zurück auf die Hauptstraße und durchqueren auf ihr die Insel von Nord nach Süd. Die Strecke ist gesäumt mit zeitgenössischen Steindenkmälern mit eingemeißelten glagolitischen Schriftzeichen und wird deshalb **Straße der Glagoliter** genannt. Bevor sich die Straße zum Meer senkt, eröffnet sich am ❺ **Pass Treskavac**, beim glagolitischen Buchstaben A, ein fantastischer Blick

10 km

❺ Pass Treskavac

11 km

ERLEBNISTOUREN

auf die Bucht von ❻ Baška → S. 84. Windgeschützte Feinkiesstrände und reizvolle Wanderwege locken hier zu einer Übernachtung, etwa im sympathischen **Hotel Tamaris → S. 86**. Reizvoll ist die Wanderung zum **Mondplateau → S. 85**, von dem sich ein herrlicher Rundumblick über den Kvarner-Golf eröffnet. In der Altstadt verkaufen Souvenirgeschäfte Glagoliza-Buchstaben als Ohrringe oder Anhänger.

Vor der Rückfahrt nach Nordwesten steht am nächsten Morgen ein Besuch der **Tafel von Baška** im nahen Dorf ❼ **Jurandvor → S. 85** mit einer der ältesten in Kroatien gefundenen glagolitischen Inschriften auf dem Programm. Auch auf der ❽ **Klosterinsel Košljun → S. 88 vor dem beliebten Ferienort Punat** haben die Mönche wertvolle Bibeln und Inschriften bewahrt. Taxiboote bringen Besucher auf das Eiland mit seinem sehenswerten Museum, das zahlreiche in Glagoliza verfasste Bücher hütet. Danach genießen Sie Aromen und Düfte im üppigen Klostergarten. Nach der Rückkehr von der Insel sollten Sie sich eine Pause gönnen: Die flach abfallenden Kiesstrände von Punat sind unbedingt zu empfehlen! **Letztes Ziel des zweiten Reisetags** ist die Inselhauptstadt ❾ **Krk → S. 86**. Hier finden Sie Kirchen und Bastionen der Frankopanen, eines kroatischen Fürstenhauses, das die Klöster sehr förderte und auf Krk Konvente wie Glavotok und Porat bei Malinska stiftete. Damit sicherten sie auch das Überleben und die Weitergabe der Glagoliza. In vielen Türstürzen oder an Häusern der Altstadt sind Glagoliza-Inschriften zu erkennen. Doch auch moderne Künstler greifen gerne auf die altkroatische Schrift zurück: Achten Sie auf die eleganten Straßenlaternen entlang der *Riva* – auch sie sind glagolitischen Buchstaben nachempfunden. Aromatischer Pinienduft und paradiesische Ruhe umfangen Sie im altstadtnahen Hotel **Valamar Koralj → S. 87**.

Mit der Fähre *(www.jadrolinija.hr)* **geht's am dritten Reisetag von Valbiska (Krk) nach Merag (Cres)**. Nach dem fruchtbaren Krk erscheint das karge Cres zunächst enttäuschend, aber die Landschaft mit ihren uralten Steineichen, den vom Wind gebeugten Oliven und den wie ein Spinnennetz alles überziehenden Trockensteinmauern hat einen besonderen Reiz. **Vorsicht auf der Fahrt hinunter nach Beli – die Straße ist sehr schmal!** Der Glagoliza begegnen Sie in der Kirche des Orts, wo Grabinschriften aus dem 17. Jh. erhalten sind. Dem Zauber der Tramuntana kom-

men Wanderer auf dem 10 km langen Rundweg **Staza Tramuntana I** nahe: Er führt von Beli zu prähistorischen Grabstätten, Steinlabyrinthen, Dorfkapellen und durch fast urwaldartigen Wald. **21 Steinskulpturen**, alle mit Glagoliza geschmückt, markieren den Pfad, zu dessen besserem Verständnis das im **Ökozentrum Beli → S. 96** erhältliche Büchlein „Tramuntana" beiträgt. Der Tag klingt am idyllischen Strand von ⑩ **Beli → S. 81** aus, übernachtet wird in der einfachen, familiären **Pansion Tramontana → S. 82**.

4 TRIEST: KAFFEEHÄUSER UND KARSTKÜCHE

START: ① **Piazza dell'Unità d'Italia**
ZIEL: ⑰ **Caffè Tommaseo**

1 Tag
reine Gehzeit
2 Stunden

Strecke:
➡ **5 km**

KOSTEN: Parken ca. 5 Euro, Eintritt Museum 7 Euro, Mittagessen 30 bzw. Imbiss 12 Euro, Bus Miramare 2,50 Euro hin und zurück, Eintritt Miramare 10 Euro
MITNEHMEN: Windjacke, manchmal bläst die kalte Bora durch Triest

ACHTUNG: Den Tourenverlauf für ⑯ **Castello di Miramare**, finden Sie im Atlas und auf der Faltkarte. Buslinie 36 verkehrt nur im Sommer, im Winter fährt Buslinie 6.

Triest liegt nur wenige Kilometer von der slowenisch-italienischen Grenze in seiner weiten, vom schroffen Karst gerahmten Bucht. Viele verschiedene Völker haben die Hafenstadt geprägt, beherrschend aber sind Architektur und Erbe der Donaumonarchie. Ein Tagesausflug ist unbedingt zu empfehlen!

① Piazza dell'Unità d'Italia

Parkmöglichkeiten finden sich in Triest entlang der Uferstraße Riva del Mandracchio, auf die Sie automatisch gelangen, wenn Sie den Schildern in Richtung centro folgen. Ausgangspunkt für die Stadtbesichtigung ist die monumentale ① **Piazza dell'Unità d'Italia**, die repräsentative Bauten säumen: Linkerhand der 1905 erbaute **Palazzo del Governo**, daneben der **Palazzo Stratti** von 1839 mit dem legendären Kaffeehaus **Caffè degli Specchi**, daran anschließend der 1873 von Giuseppe Bruni errichtete **Palazzo Modello**, der, wie der Name sagt, allen weiteren Bauprojekten als Modell dienen sollte. Daran hielt sich der Architekt aber selbst nicht, denn der **Palazzo del Municipio**,

ERLEBNISTOUREN

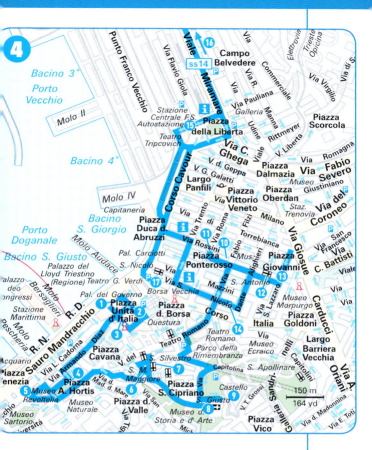

den er zwei Jahre danach vollendete und der die Querachse des Platzes beherrscht, wirkt wie von einem Zuckerbäcker verziert. An der rechten Platzseite reihen sich **Palazzo Pitter** (1780), das zauberhafte **Hotel Duchi d'Aosta** (1873) und der 1883 vollendete **Palazzo des Lloyd Triestino** aneinander. Die Piazza gehört zu den größten dem Meer zugewandten Plätzen der Welt und ist nicht nur im Sommer ein allabendlicher Treffpunkt der Triester. Die besten Logenplätze auf das lebhafte Treiben bieten ❷ **Caffè degli Specchi** und die Terrasse von ❸ **Harry's Grill** (tgl. | Piazza Unità 2/1 | Tel. 040 66 06 06 | www.duchi.eu | €€€). Der Meisterkoch Federico Sestan kombiniert ganz in der Tradition der kosmopolitischen Hafenstadt die Produkte des

❷ Caffè degli Specchi

❸ Harry's Grill

Karsts – Wilden Spargel, Pilze, Fleisch – kreativ mit den Gaben des Meers.

Südwestlich der Piazza folgen Sie der Via dell'Orlogio bis zur Via Diaz. Zwischen ihr und der parallel verlaufenden Via di Cavana hat der älteste Teil Triests eine erstaunliche Verwandlung durchgemacht. Wo früher streunende Katzen um Hausruinen schlichen, bummeln die Leute vorbei an Boutiquen, schicken Restaurants und Edelimbissen bis zur ❹ **Piazza Hortis**. Hier erinnert ein Denkmal an den Schriftsteller Italo Svevo (1861–1928), der im Kulturleben Triests eine wichtige Rolle spielte. Das nahe ❺ **Museo Revoltella** *(Mi–Mo 10–19 Uhr | Eintritt 7 Euro | Via Diaz 27)* zeigt moderne Kunst im großbürgerlichen Ambiente des 19. Jhs. **Über die Via San Giorgio und links die Via di Cavana erreichen Sie die Via delle Mura, die bergauf zum** römischen Stadttor ❻ **Arco di Riccardo** (1. Jh. v. Chr.) führt. Dahinter liegt das leider meist verschlossene, romanische Kirchlein **San Silvestro** neben der barocken ❼ **Santa Maria Maggiore**, die einen eindrucksvollen Hochaltar birgt. **Die Via della Cattedrale endet unterhalb** des Triester Kastells bei der ★ ❽ **Cattedrale di San Giusto**, deren Baugeschichte bis ins 5. Jh. zurückreicht. Heute präsentiert sie eine Fassade aus dem 14. Jh. mit wuchtigem Campanile. Im Inneren entfaltet das fünfschiffige Gotteshaus seine Pracht im goldglänzenden Apsismosaik (12. Jh.), das Maria mit dem Kind über die Reihe der Apostel setzt. Das ❾ **Castello San Giusto** (13.–17. Jh.) oberhalb der Kirche war unter allen Herren Triests schwer umkämpft. Hier erwartet Sie ein herrlicher Panoramablick über Altstadt und Hafen. **Zurück an der Kathedrale folgen Sie der Via Capitolina nach Nordosten, biegen in die Via Giuseppe Rota nach links und rechts in die Via del Teatro Romano ein. Über den Corso D'Italia folgen Sie der Via F. Filzi** bis zum ❿ **Canal Grande**, an dem es sich herrlich bummeln lässt. **An der Via Roma 16 ist es Zeit für einen Fotostopp mit** ⓫ **James Joyce**, der in Bronze gegossen über die Brücke spaziert. Der Blick fällt auf hübsche Palazzi und die Kirche ⓬ **Sant'Antonio Nuovo** mit sechs neoklassizistischen Säulen am Ende des Kanals. **Dahinter biegen Sie über die Via Niccolò Paganini links in die Via San Lazzaro ein** und legen dort Ihre Mittagspause à la Triest ein: **In der Hausnummer 14** wartet ein typisches Triester Buffet, das ⓭ INSIDER TIPP **Buffet da Giovanni** *(So geschl. | Tel. 040 63 93 96 | €)* mit aromatischem, in Brotteig gebackenem Karstschinken und Deftigem wie geräuchertem Schweinebauch auf hungrige Gäste. **Danach geht**

ERLEBNISTOUREN

Wäre er bloß dageblieben: Maximilian I. verließ sein Märchenschloss Miramare gen Mexiko

es über die Via Ponchielli links in die Dante Alighieri. Biegen Sie rechts in die **Via San Nicolò** und besuchen die ehrwürdige ⓮ **Libreria Umberto Saba** *(Via San Nicolò 30)*, die älteste Buchhandlung der Stadt.

Gehen Sie die Via San Nicolò weiter Richtung Meer, biegen rechts ab und folgen der Promenade gen Norden bis zur ⓯ **Stazione Centrale**, dem Hauptbahnhof. Der Bus bringt Sie von dort zum ⓰ **Castello di Miramare** *(tgl. 8–19 Uhr)*. Oder Sie nehmen Ihr Auto und **fahren die 9 km auf der Küstenstraße nach Nordwesten.** Erzherzog Maximilian ließ das zinnengekrönte Märchenschloss 1858 bauen und legte eigenhändig den mit exotischen Gewächsen bepflanzten Garten an. 1864 verließ er diese Idylle, um Kaiser von Mexiko zu werden – doch drei Jahre später wurde er von Aufständischen hingerichtet. Sein schlicht eingerichtetes Schloss, der schöne Park, vor allem der herrliche Blick über die Küste machen den Ort zu etwas ganz Besonderem. Zurück in der Innenstadt beschließen Sie Ihren Ausflug nach Triest mit dem Besuch des berühmten ⓱ **Caffè Tommaseo** *(Piazza Tommaseo 4/c)*, eingerichtet wie ein Wiener Kaffeehaus und erfüllt von Nostalgie.

⓮ Libreria Umberto Saba

BUS 36 (SOMMER), 6 (WINTER)

⓯ Stazione Centrale

⓰ Castello di Miramare

⓱ Caffè Tommaseo

SPORT & WELLNESS

Eine vielfältig gegliederte Küste und glasklares Meer – die Bedingungen für wohl jede Art von Wassersport sind in Istrien und am Kvarner-Golf ideal. Andererseits gibt es so viele andere Freizeitmöglichkeiten, dass es viel zu schade wäre, die Ferien ausschließlich am Strand zu verbringen.

GOLF

Neben den beiden traditionellen Golfplätzen im slowenischen *Lipica* (9 Loch, Par 73 | Greenfee werktags 33 Euro | Tel. 05 7391724 | www.lipica.org) und auf der kroatischen Insel *Veli Brijun* (18 Loch, Par 71 | Greenfee werktags 260 Kuna | Tel. 052 52 58 83 | www.np-brijuni.hr) wurde eine weitere, moderne Anlage eröffnet: *Golf Adriatic* (18 Loch, Par 73 | Greenfee wochentags 460 Kuna | Alberi 300a | Tel. 052 70 7100 | www.golf-adriatic.com) bei Savudrija. Golf Adriatic wird mit seiner Anlage selbst anspruchsvollsten Spielern gerecht. Die Greens in Lipica und auf den Brijuni gelten als außerordentlich schön angelegte und gut gepflegte Plätze.

KAJAKFAHREN/ STAND-UP-PADDLING

Diese stillen, besonders 🌿 umweltverträglichen Sportarten erfreuen sich immer größerer Beliebtheit. Was gibt es Schöneres, als nahezu lautlos die Küste entlang und in versteckte Buchten zu paddeln! Seekajaks werden in den meisten Ferienorten verliehen. Die Kajakbasis

Wandern kann in Istrien jeder. Steigen Sie doch mal in die Wände oder tauchen Sie mal nach Schiffswracks

der *Tauchschule Correct Diving (Brzac 33 | Tel. 051 86 21 48 | www.correct-diving.com)* in Glavotok auf Krk verleiht nicht nur Boote, sondern veranstaltet auch Tagestouren. *Adistra (Carera 69 | Tel. 095 8 38 37 97 | www.adistra.hr)* in Rovinj organisiert Halb- und Ganztagsexkursionen durch das Rovinjer Inselarchipel oder in den Lim-Kanal. Viele Kajakschulen bieten inzwischen auch Stand-up-Paddling-Kurse an, so in der *Windsurfstation (www.windsurfstation.com)* im Naturpark Premantura am windreichen Kap Kamenjak.

KLETTERN

Sloweniens berühmteste *Freeclimber-Wand* (195 Routen) liegt oberhalb des Dorfs Osp nahe Koper. Klassische Kletterziele in Istrien und Kvarner sind die Felswände eines ehemaligen venezianischen Steinbruchs (über 80 Routen) auf der Halbinsel Zlatni Rt bei Rovinj, die Felsnadeln über dem Thermalbad Istarske Toplice (13 Routen), die bis zu 30 m hohe Felswand Raspadalica bei Buzet (30 Routen), bis zu 25 m hohe Wände oberhalb des Lim-Kanals (60 Routen) sowie bei Dvigrad (63 Routen) und Vranjska Draga unterhalb des Učka-Massivs (über 50 Routen sowie der 100 m hohe Great Tower). Auch auf den Inseln wird geklettert, so in der Nähe von Baška auf der Insel Krk (etwa 60 Routen). Beste Zeiten fürs Klettern sind Frühjahr und Herbst. Im Hochsommer sollte man besser davon absehen. GPX-Tracks der besten Climbing-Routen in Istrien im kostenlosen Download unter: *www.istria-climbing.com/hr/climbing*

RADFAHREN

Frühjahr und Herbst sind ideale Reisezeiten für Radtouren in Istrien und im Kvarner-Golf. Besonders die Rad- und Mountainbike-Strecken in Istrien sind gut ausgebaut und markiert; ein Klassiker ist das Radeln entlang der aufgelassenen Trasse der *Schmalspurbahn Parenzana* (s. S. 118). Die Broschüre *Istria Bike* empfiehlt und beschreibt schöne Strecken, deren Profile und dazugehörige Informationen Sie von der Website *www.istria-bike.com* herunterladen können.

Auf den Kvarner-Inseln sind ebenfalls Radtouren ausgewiesen und beschrieben. Die Broschüren bekommen Sie kostenlos von den Touristenverbänden oder als PDFs auf den jeweiligen Seiten der Touristenverbände. Immer beliebter werden kombinierte Schiffs-/Radtouren im Kvarner-Golf, die verschiedene Veranstalter *(www.wikinger-reisen.de, www.kroatien-idriva.de)* im Programm haben.

REITEN

Wohl jeder Pferdefreund möchte einmal im Leben einen reinrassigen Lipizzaner reiten. Im slowenischen Lipica wird dieser Traum wahr. Sowohl Anfänger als auch erfahrene Reiter können im *Gestüt* *(90 Min. 61 Euro | www.lipica.org)* Reitstunden individuell oder in der Gruppe nehmen. Wichtig ist, dass Sie Ihre Stunden oder den gewünschten Kurs per Onlineformular reservieren. Auf der *Ranch Barba Tone (Reiten ca. 150 Kuna/Std. | Manjadvorci 60 | Tel. 098 9 82 90 73 | www.istra-riding.com)* bei Pula erleben Anfänger wie Fortgeschrittene auf Pferderücken ungewöhnliche Abenteuer, so Schwimmen im Meer oder die Besichtigung einer Tropfsteinhöhle. Auch mehrtägige Exkursionen sind im Programm.

TAUCHEN

Istriens Unterwasserwelt ist wegen der felsigen Topografie besonders vielfältig. Höhlen, Tunnel, Steilwände dienen u. a. Seebarschen, Goldbrassen, Drachenköpfen, Tintenfischen, Korallen, Gorgonien und Schwämmen als Lebensraum. Schiffswracks können erkundet werden und mit Glück begegnen Sie beim Tauchen sogar Delphinen und Seeschildkröten. Eine Vorstellung der Wracks und Riffe um Istrien enthält die Broschüre *Istra Diving,* die kostenlos bei den Touristenverbänden erhältlich ist oder von *www.istra.hr* heruntergeladen werden kann. Dort finden Sie auch eine Auflistung der Tauchzentren. Einer der wenigen Tauchspots der Region, die ohne Bootslärm und Treibstoffverbrauch vom Strand aus zu erreichen sind, ist das ⓘ **INSIDER TIPP** *Hausriff von Diving Beli (www.diving-beli.com)* auf der Insel Cres. Getaucht wird bis in 40 m Tiefe, wo man manchmal sogar majestätischen Rochen begegnet. Wollen Sie unabhängig und ohne Tauchleiter unter Wasser gehen, benötigen Sie dafür eine Genehmigung, die mit 2400 Kuna zu Buche schlägt.

Auf dem **INSIDER TIPP** *Unterwasser-Lehrpfad (Mitte April–Mitte Okt. | 210 Kuna)* auf der Insel Veli Brijun werden Schnorch-

SPORT & WELLNESS

Taucherbrille auf und Flossen an – Schnorchelspaß gibt's auch ohne teure Ausrüstung

ler mittels spannender Audioführung geleitet. Auf dem Meeresgrund sind die Fundamente einer römischen Villa, Fische und Muscheln zu sehen. Der Ton kommt aus dem Schnorchel.

WELLNESS

Wellness hat Tradition: Früher kamen die Urlauber zur Sommerfrische, genossen die aromatische Luft, gingen spazieren und nahmen erfrischende Bäder. Portorož, Opatija, Lošinj, Crikvenica blicken auf eine über hundertjährige Kurtradition zurück. Heute ist das Wellnessangebot nicht nur in diesen, sondern auch in den meisten anderen Ferienorten Istriens und der Kvarner-Bucht umfassend. So gut wie alle höherpreisigen Hotels besitzen luxuriöse Spas mit Indoor-Pool, Sauna, Dampfbad, Massagen und verschiedenen pflegenden Anwendungen von Ayurveda bis Kneipp. So verwöhnen Sie im *Carolea Spa* im *Kempinski Adriatic* (s. S. 50) am Kap Savudrija kundige Hände nach allen Regeln der Massagekunst mit Olivenöl und Anti-Aging-Treatments. Und an der wohltuenden Wirkung der Seeluft, in Verbindung mit den ätherischen Ölen von Kiefern, Pinien oder Lorbeer, hat sich nichts geändert. Eine perfekte Kombination der Heilkräfte von Sonne und Salz genießen Gäste des *Lepa Vida Thalasso Spa* (s. S. 40). Im Herzen der Salinen von Sečovlje unter freiem Himmel erlebt man die verschiedenen auf Salzschlamm basierenden Behandlungen besonders intensiv.

WIND- UND KITESURFEN

Vor allem die Südspitze Istriens um Medulin und Premantura gilt als gutes und anspruchsvolles Windsurfrevier. Auch im Kvarner können erfahrene Wind- und Kitesurfer auf den Wellen tanzen, so in der Bucht Preluk bei Volosko (Opatija), in Baška und Punat auf der Insel Krk oder an der Čikat-Bucht auf Lošinj, wo sich die deutschsprachige Windsurfschule *Sunbird (Tel. 095 8 37 71 42 | sunbird.de)* befindet.

MIT KINDERN UNTERWEGS

Sonne und Meer – diese Voraussetzungen für erholsamen Familienurlaub bieten Istrien und der Kvarner-Golf im Übermaß. Allerdings fehlt vielerorts der bequeme Strand, die Küste ist felsig, Kies- oder Sandbuchten sind rar.

Ein Nachteil? Weit gefehlt – über Felsen zu klettern, in Gumpen nach Krebsen zu suchen, Aushöhlungen zu erforschen, bizarr geformte Steine zu sammeln ist doch viel spannender als das ewige Sandburgenbauen. Um an der kroatischen Küste glücklich zu werden, brauchen Kinder dreierlei: Badeschuhe, die sie vor scharfkantigen Steinen wie Seeigeln schützen, einen Kescher, um kleines Meeresgetier einzufangen (und es wieder auszusetzen), und einen Eimer, in dem sie es beobachten oder schöne Steine und Muscheln aufbewahren können. Ziehen Sie Kies- oder Sandstrand vor, sollten Sie die Ferien in Portorož, Crikvenica, auf Lošinj (Čikat-Bucht), Krk (Baška, Malinska) oder Rab (Lopar) verbringen. Wird es am Meer langweilig, bietet die Region viele Möglichkeiten für ein Alternativprogramm.

SLOWENISCH-ISTRIEN

IZOLANA (HAUS DER MEERE)
(140 B3) (*E3*)

Nachwuchskapitäne aufgepasst: Hier dreht sich alles um Schiffsmodelle mit 360-Grad-Videos und interaktiven Video-Games rund ums Meer. Im Obergeschoss geht es um die Paranzana-Bahn, mit Schienenstrang und Modelleisenbahnen. *Juni–Sept. tgl. 9–12, 18–21 Uhr*

Bild: Hafen von Rovinj

Dinos Spuren aufspüren, in dunklen Höhlen herumtigern und unter Wasser Funde machen – das sind endlich mal echte Quest!

Preise bis Red.-Schluss nicht bekannt, s. visit.izola.eu | Ul. Alme Vivode 3 | Izola

LIPIZZANERGESTÜT LIPICA
(140 C2) *(F1)*

Weiße Lipizzanerstuten weiden auf den sattgrünen Wiesen des Gestüts; die Fohlen weichen nicht von der Seite der Mütter. Für pferdebegeisterte Kinder ist der Ausflug nach Lipica ein Höhepunkt der Ferien. Planen Sie ihn so, dass Sie auch einer Vorführung der Klassischen Reitschule beiwohnen können! Als Extra gibt's eine Kutschfahrt, bei der die Kleinen vielleicht sogar die Zügel halten dürfen. *Klassische Reitschule Mai–Sept. Di, Fr, So 15, April/Okt. So 15 Uhr | Kinder 12, Erw. 23 Euro (inkl. Besichtigung) | Kutschfahrt 1 Std./50 Euro | www.lipica.org*

KROATISCH-ISTRIEN

AQUARIUM PULA ● **(144 C5)** *(F8)*

Es gibt mehrere Aquarien in den istrischen Küstenorten; interessant bei dem in Pula sind nicht nur die moderne, artge-

Dinozähne? Grottenolm-Burgen? Die Tropfsteine der Höhle Baredine füttern die Fantasie

rechte Präsentation und die Artenvielfalt, sondern auch der Bau, in dem das Aquarium untergebracht ist. Die INSIDERTIPP kreisrunde Festung Verudela war Teil des austro-ungarischen Verteidigungssystems für den Hafen Pula, das aus 28 Bastionen bestand und in den 1880er-Jahren erbaut wurde. Übrigens gehört zum Aquarium ein 🌿 Zentrum, das sich um Pflege und Auswilderung verletzter Meeresschildkröten kümmert. *Nov.–März tgl. 10–16, April, Mai, Okt. 9–18, Juni/Sept. 9–21, Juli/Aug. 9–22 Uhr | Eintritt Kinder 60, Erw. 75 Kuna | www.aquarium.hr*

DINOS AUF KAMENJAK
(144 C6) (*m G9*)

Dass auf der Halbinsel Kamenjak bei Medulin einmal Dinosaurier lebten, ist dank paläontologischer Fundstellen dokumentiert. Gleich an der Zugangsschranke beginnt der 600 m lange *Dino-Pfad*, auf dem Minisaurier Grako den Weg zu versteinerten Fußspuren am Meer weist.

HÖHLE BAREDINE (140 B6) (*m E5*)

Höhlenabenteuer nur 8 km von Poreč entfernt. Baredine zählt zu den spannendsten Schauhöhlen Kroatiens und regt mit ihren wundersam geformten Tropfsteinen die Fantasie der Kinder an. In einem kleinen See lebt der geheimnisvolle Grottenolm, den die Einheimischen wegen seiner Gestalt Menschenfisch nennen. *Tgl. April/Okt. 10–16, Mai, Juni/Sept. 10–17, Juli/Aug. 10–18 Uhr | Eintritt Kinder 45, Erw. 70 Kuna | Nova Vas bei Poreč | www.baredine.com*

Am *Kletterfelsen Speleolit (nach Vereinbarung | Tel. 092 110 00 70 | Kinder 40, Erw. 50 Kuna | speleolit.com)* neben dem Höhleneingang lernen Kinder und Erwachsene unter kundiger Anleitung die Grundtechniken des Höhlenkletterns. Danach könnte eine richtige Herausforderung folgen: Klettern und Abseilen *(Kinder 290, Erw. 390 Kuna)* in einer 35 m tiefen Höhle, ausgestattet mit Overall, Helm, Stirnlampe und Klettergeschirr.

MIT KINDERN UNTERWEGS

ISTRALANDIA (140 B5) (📖 E4)
Was sind Fantasy Hole, Top Gun oder Free Fall? Die wildesten Wasserrutschen Istriens, auszuprobieren in diesem Aquapark an der Autobahn in der Nähe von Novigrad. Aber das ist längst nicht alles dort ... *Tgl. 10–18 Uhr (Juli/Aug. bis 19 Uhr) | Tagesticket Mai, Juni, Sept. Erw. 180, Juli/Aug. 210 Kuna, Kinder 1–1,40 m 140, Juli/Aug. 160 Kuna | an der A9, Ausfahrt Novigrad-Nova Vas | www.istralandia.com*

KINDERTAUCHEN (144 A3) (📖 E6–7)
Tauchen mit Maske und Flasche können auch Kinder schon lernen. Die *Tauchschule Puffer (www.rovinj-diving.hr)* auf der Insel *Crveni otok* vor Rovinj übt mit Kindern zwischen acht und zehn Jahren im Pool und in bis zu 1,5 m Tiefe *(399 Kuna)*. Mit über zehn Jahren geht's nach der Einweisung im Pool zum Schnuppertauchen *(1499 Kuna)* in bis zu 5 m Tiefe. Die Ausbildung zum *Open Water Diver (2799 Kuna)* steht Teens ab 12 Jahren offen. Die Tauchbasis gehört zum Hotel Istra, steht aber allen Interessierten offen.

KÜSTE KVARNER-BUCHT

NATIONALPARK RISNJAK
(142–143 C–D1) (📖 L3–4)
Auf dem *Naturlehrpfad Leska* im Risnjak-Nationalpark weicht Langeweile schnell Entdeckerfreude. Von Bijela Vodica, wo sich Haupteingang und Nationalparkhaus befinden, führt der 4,5 km lange Weg durch Nadel- und Mischwald zu typischen Karstphänomenen: Da ist eine Doline zu sehen, eine wie ein Trichter geformte, eingestürzte Höhle, in der nun Büsche und Bäume wachsen. Wie solche Höhlen entstehen, verrät ein Schluckloch, in dem ein Wildbach in die unterirdische Welt verschwindet. Dort schachten seine Erosionskräfte den Kalkstein immer weiter aus, bis Höhlensysteme entstehen – vereinfacht ausgedrückt, aber für Kinder eine spannende Sache! *www.np-risnjak.hr*

INSELN KVARNER-BUCHT

MARE VIVUM 🌿 (142 B5) (📖 K6)
Die meeresbiologische Station am Camp Glavotok auf Krk organisiert ein interessantes Programm zur Umweltpädagogik (auch deutsch bzw. englisch), an dem Kinder wie Erwachsene teilnehmen können. Dabei werden z. B. Fallen gebastelt, um die darin gefangenen Meeresbewohner zu beobachten und etwas über ihr Verhalten zu lernen *(ca. 22 Euro/Kind)*, und es gibt Schnorchelausflüge unter Leitung erfahrener Meeresbiologen *(ca. 25 Euro/Kind). Camp Glavotok | Brzac 33 | www.mare-vivum.eu*

PIRATENFAHRTEN (146 B5) (📖 K11)
Auf nachgebauten historischen Seglern durch die Adria zu schippern ist viel spannender als auf modernen Schiffen: Tagestörns führen z. B. von Lošinj auf die winzigen Nachbarinseln Ilovik und Silba oder auf die Sandstrandinsel Susak. In einer Bucht wird zum Baden geankert und es gibt ein Fischpicknick. Ausflüge sind direkt beim jeweiligen Veranstalter auf seinem Schiff am Hafen buchen.

RABSKA FJERA (147 D3) (📖 M9)
Am letzten Juliwochenende verwandelt sich Rab-Stadt in einen großen Mittelaltermarkt. Marketenderinnen, Schmiede, Korbflechter, Hofnarren, Mönche, adelige Damen und edle Ritter erwecken Rabs mittelalterliche Geschichte zum Leben. Straßenstände biegen sich unter Gegrilltem, Gesottenem und Gebackenem. Es gibt unendlich viel zu sehen, zu verkosten und auszuprobieren – ein richtig kinderfreundliches Fest! Auskunft: *Touristenverband Rab | www.rab-visit.com*

EVENTS, FESTE & MEHR

→ S. 2/3

FESTE UND FESTIVALS

FEBRUAR
Karneval: Traditionelle Masken wie die furchterregenden *zvončari* treiben in Rijeka und Opatija den Winter aus.

APRIL/MAI
Spargelfest: Zur Ernte des wilden Spargels feiert Lovran ein kulinarisches Fest.
Harmonika-Spieler: Virtuosen der *Triestina* kommen Mitte Mai nach Roč.

MAI
Sea Star Festival: Das legendäre serbische EXIT-Musikfestival goes Umag, vier Tage Ende Mai, mit 70 Interpreten, der Musikstil ist bunt gemischt!

JUNI
Stadtfest in Hum: Mitte Juni mit der traditionellen Wahl des Bürgermeisters

JUNI-SEPTEMBER
Pula Superiorum: Gladiatoren kämpfen im Amphitheater von Pula.

JULI
Vinodolski ljetni karneval: Faschingsumzüge in Novi Vinodolski am ersten Wochenende

Seasplash Festival: Reggae, Dancehall und Dub in der Altstadt von Pula
Labinske Konti: traditionelle Tänze und Volksmusik aus Istrien in Labin
Tag des Delphins: Ausstellungen und Spiele rund um den Delphin in Veli Lošinj
Motovun Film Festival: Jeans statt roter Teppich: alternative Kurz- und Dokumentarfilme im Open-Air-Kino

JULI/AUGUST
Labin Art Republika: Kunstinstallationen, Theater und Musik in Labin
Sommerfestival Krk: Konzerte in Kirchen und an stimmungsvollen Orten wie auf der Klosterinsel Košljun
Konzerte in der Basilika von Poreč: Klassisches in der Euphrasius-Basilika
Sommerfestival Pula: Konzerte von Pop bis Klassik in der Arena von Pula
Jazz is back: ab Mitte Juli für zwei Wochen im Künstlerstädtchen Grožnjan

AUGUST
Street Art Festival: Treffen der Straßenkünstler, Musiker, Tänzer, Jongleure in der Altstadt von Poreč
Ritterspiel: Historisch gekleidete Reiter versuchen in Barban, mit der Lanze durch einen Ring zu treffen.

Grisia: Rovinjs Altstadtgasse wird einen Sonntag zum Open-Air-Museum für alle – ob Profi oder Hobby-Künstler.

SEPTEMBER

Giostra: Über 250 Kostümierte versetzen Poreč zurück ins Barock.
Mala Gospa in Njivice auf Krk: Wallfahrt zum Geburtstag Mariens am 8.
Trüffeltage in Istrien: Motovun, Livade und Buzet stehen ganz im Zeichen der aromatischen Knolle.

OKTOBER

Marunada: Röstschwaden durchziehen das Dorf Dobrec bei Lovran, wenn die Esskastanie und Kastanien-Köstlichkeiten gefeiert werden.

NOVEMBER

Martinsfest: Mit einem großen Dorffest segnet St. Martin vielerorts den neuen Wein, z. B. in Momjan.
Tage des jungen Olivenöls, Vodnjan: Mitte des Monats präsentieren istrische Olivenbauern ihre besten neuen Öle.

NOVEMBER–JANUAR

Osmice: In den Dörfern der slowenischen Primorska öffnen die Winzer für jeweils acht Tage im Wechsel ihre Keller. Zum jungen Wein gibt es Vorspeiseplatten mit *pršut* und selbst gebackenem Brot oder *jota,* sämige Gemüsesuppe.

FEIERTAGE

1. Jan.	Neujahr
6. Jan.	Hl. Drei Könige (HR)
8. Feb.	Tag der Kultur (SI)
März/April	Ostermontag
27. April	Tag des Widerstands (SI)
1. Mai	Tag der Arbeit (HR; SI auch 2. 5.)
Mai/Juni	Fronleichnam (HR)
22. Juni	Tag des antifaschistischen Widerstandskampfs (HR)
25. Juni	Nationalfeiertag (HR/SI)
5. Aug.	Tag des Siegs (HR)
15. Aug.	Mariä Himmelfahrt
8. Okt.	Unabhängigkeitstag (HR)
31. Okt.	Reformationstag (SI)
1. Nov.	Allerheiligen
25./26. Dez.	Weihnachten
26. Dez.	Unabhängigkeitstag (SI)

LINKS, BLOGS, APPS & CO.

Istrien7.com präsentiert regelmäßig neue Tipps und Trends von der Halbinsel. Die Bandbreite reicht vom romantischen Restaurant bis zur Wanderroute, von der angesagten Lounge zum kulinarischen Festival. Ein anregendes Vergnügen.

www.total-croatia-news.com Die Seite bietet Ihnen tagesaktuelle Kroatien-News in Englisch, auch Neues übers Reisen ist dabei.

www.alleskroatien.com Eine dänische Auwanderer-Familie in Kroatien gibt Tipps zum Leben und Alltag in Kroatien – auf Deutsch.

www.inyourpocket.com/croatia Mit Stadtführern für Rijeka und Opatija sowie knappen Regionalführern für Inseln und Küste ist die Kvarner-Region auf dieser Website vertreten. Ergänzt wird die englischsprache Site durch aktuelle Tipps und Userkommentare zu Shopping, Essen und Trinken und Nightlife. Für Slowenien: **www.inyourpocket.com/slovenia**

www.marcopolo.de/kroatienkueste-ik Ihr Online-Reiseführer mit allen wichtigen Informationen, Highlights und Tipps, interaktivem Routenplaner, spannenden News & Reportagen sowie inspirierenden Fotogalerien

www.forum-kroatien.de Auf dieser beliebten deutschsprachigen Kroatien-Plattform wird fast alles diskutiert – das Wetter, die besten Campingplätze, Mitfahrgelegenheiten, die Busfahrpreise von Poreč nach Pula, empfehlenswerte Ferienwohnungen, aber auch Tipps zum Nachtleben, zu Marinas oder Chartermöglichkeiten

www.frankaboutcroatia.com Was Frank von seinen Reisen durch Kroatien (englisch) zu berichten weiß, ist stets amüsant zu lesen und oft interessant

www.ichkoche.at/kroatische-rezepte In diesem österreichischen Kochforum erfahren Sie, wie istrische Kroštule und andere kroatische Gerichte zubereitet werden

Egal, ob für Ihre Reisevorbereitung oder vor Ort: Diese Adressen bereichern Ihren Urlaub. Da manche sehr lang sind, führt Sie der short.travel-Code direkt auf die beschriebenen Websites. Falls bei der Eingabe der Codes eine Fehlermeldung erscheint, könnte das an Ihren Einstellungen zum anonymen Surfen liegen

blog.coloursofistria.com Der Blog der Region Nordwestistrien informiert über anstehende Events, empfiehlt verborgene Strände, verrät Rezepte, und man kann außerdem ein paar schöne Reise- und Sportvideos ansehen (auf Englisch)

www.inistrien.de Die Betreiber aus Pula nennen ihren Blog „Dein Navi durchs wahre Istrien" und liefern auf Deutsch Tipps und Hintergründe

short.travel/kki4 Kroatien auf Facebook, vorwiegend englischsprachig, mit regem Besuch und Tipps von Sightseeing bis zu Kochrezepten

VIDEOS & MUSIK

www.adriaforum.com/kroatien Bei den Regionen „Istrien" bzw. „Kvarner" finden Sie in der linken Leiste unten der Rubrik „Istrien-" bzw. „ Kvarner-Reiseführer" je einen Link zu verschiedensten Videos des jeweiligen Landstrichs

www.surfmusic.de/country/croatia.html Eine Liste kroatischer Radiosender mit Live-Streaming finden Sie hier: Ob Popmusik, Klassik oder Lokalradio, da ist für jeden etwas dabei

www.alpe-adria.tv Videos zu Genießerthemen aus Österreich, Slowenien, Kroatien und dem Friaul. Istrien/Kvarner sind hierbei vor allem durch kulinarische Themen vertreten

APPS

Nautical Info Service Croatia Sind Sie per Schiff unterwegs? Wetter, Vorschriften, Windkarten: Alle Infos, die Skipper brauchen, liefert diese deutschsprachige App für Android und iPhone

Istria Gourmet & Wine Lovers Die kostenlose App unterstützt Android und iPhone und führt zu den besten Locations entlang der Olivenöl- und Weinstraße, aber auch zu Trüffeljägern und Imkern in Kroatisch-Istrien

Kvarner Gourmet & Food Gastrospezialitäten und -kalender sowie Restauranttipps für die Region Kvarner liefert diese App auch auf Deutsch (Android und iPhone)

PRAKTISCHE HINWEISE

ANREISE

Es gibt zwei Hauptrouten: München–Villach–Udine–Triest–Rijeka (600 km) oder München–Villach–Ljubljana–Koper (550 km). Ab Postojna zweigt eine Route nach Rijeka ab (520 km). Autobahnen (und einige Tunnel) in Italien, Österreich, Kroatien und Slowenien sind gebührenpflichtig.

Eine direkte Bahnverbindung von Deutschland an die kroatische Adria gibt es nur im Sommerhalbjahr; der Zug von München nach Ljubljana fährt dann mit einem Kurswagen nach Rijeka. Wer an die slowenische Adria reisen möchte, muss in Ljubljana nach Koper umsteigen. www.bahn.de

GRÜN & FAIR REISEN

Auf Reisen können auch Sie viel bewirken. Behalten Sie nicht nur die CO_2-Bilanz für Hin- und Rückreise im Hinterkopf *(www.atmosfair.de; de.myclimate.org)* – etwa indem Sie Ihre Route umweltgerecht planen *(www.routerank.com)* –, sondern achten Sie auch Natur und Kultur im Reiseland *(www.gate-tourismus.de)*. Gerade als Tourist ist es wichtig, auf Aspekte wie Naturschutz *(www.nabu.de; www.wwf.de)*, regionale Produkte, wenig Autofahren, Wassersparen und vieles mehr zu achten.
Wenn Sie mehr über ökologischen Tourismus erfahren wollen: europaweit *www.oete.de*; weltweit *www.germanwatch.org*

Aus Deutschland, Österreich und der Schweiz verkehren Linienbusse nach Ljubljana, Zagreb und Rijeka. Von dort Anschluss an das örtliche Busnetz. *www.eurolines.de*, *www.flixbus.de*

Linienflüge aus Deutschland, Österreich und der Schweiz u. a. mit *Croatia Airlines (www.croatiaairlines.hr)*, *Adria Airways (www.adria.si)* nach Zagreb und Ljubljana. Von Zagreb täglich Inlandsflüge nach Pula. Im Sommer außerdem Billig- und Charterflüge von *Eurowings (www.eurowings.com)* nach Pula und Krk, dem Flughafen von Rijeka. *Ryanair (www.ryanair.com)* fliegt in der Saison beide Ziele an. *Easy Jet (www.easyjet.com)* landet in Ljubljana.

Die Personenfähren von *Venezia Line (www.venezialines.com)* und *Trieste Lines (www.triestelines.it)* verbinden Venedig bzw. Triest in der Saison mit Piran, Umag, Poreč, Rovinj und Pula.

AUSKUNFT VOR DER REISE

Websites mit umfassenden touristischen Infos sind *www.croatia.hr*, *www.istra.hr*, *www.kvarner.hr* sowie *www.slovenia.info*.
KROATISCHE ZENTRALE FÜR TOURISMUS
– *Deutschland (Stephanstr. 13 | 60313 Frankfurt | Tel. 069 2 38 53 50 | info@visitkroatien.de | www.croatia.hr)*
– *Österreich (Liechtensteinstr. 22a | 1090 Wien | Tel. 01 5 85 38 84 | office@kroatien.at)*
– Die Schweiz wird von Wien aus mitbetreut. Kostenloses Infomaterial wie Hotel- und Campingverzeichnisse und eine

Von Anreise bis Zoll

Urlaub von Anfang bis Ende: die wichtigsten Adressen und Informationen für Ihre Reise nach Istrien und Kvarner

sehr gute, topaktuelle Straßenkarte von Kroatien bekommt man in den Büros der Tourismusämter.

SLOWENISCHES FREMDENVERKEHRSAMT

– Deutschland (Maximiliansplatz 12a | 80333 München | Tel. 089 29 16 12 02 | info@slovenia.info)
– Österreich (Opernring 1 | 1010 Wien | Tel. 01 7 15 40 10 | info@slovenia.info)

AUSKUNFT IN ISTRIEN & KVARNER

SLOWENISCH-ISTRIEN
Obala 16 | 6320 Portorož | Tel. 05 6 74 82 60 | www.portoroz.si

KROATISCH-ISTRIEN
Tourismusverband Istrien | Pionirska 1 | 52440 Poreč | Tel. 052 88 00 88 | www.istra.hr

KVARNER-BUCHT
Tourismusverband der Region Kvarner | N. Tesle 2 | 51410 Opatija | Tel. 051 27 29 88 | www.kvarner.hr

AUTO & AUTOVERMIETUNG

In allen größeren Ferienorten kann man Autos von internationalen oder nationalen Leihfirmen mieten. Das Mindestalter des Fahrzeugmieters beträgt 21 Jahre, bei manchen Unternehmen 25 Jahre und drei Jahre Fahrpraxis. Einen Preisvergleich von Mietwagenangeboten rufen Sie auf www.billiger-mietwagen.de ab.
Reisen Sie mit dem eigenen Auto oder Camper an, genügen nationale Zulassung und Führerschein. Die Mitnahme der internationalen grünen Versicherungskarte wird empfohlen. Falls es nicht Ihr Auto ist, benötigen Sie eine Vollmacht des Halters. Es gelten folgende Geschwindigkeitsbegrenzungen: innerorts 50, außerorts 90, auf Schnellstraßen 110, auf Autobahnen 130 km/h; Gespanne außerhalb von Ortschaften 80 km/h. Die Promillegrenze liegt bei 0,5.
Tagsüber ist das Abblendlicht einzuschalten, in Kroatien gilt diese Vorschrift nur in der Winterzeit. Während des Überholens

Blick von Krk aus auf die felsenreiche Insel Prvić

müssen Sie ununterbrochen blinken. Das Passieren von haltenden Schulbussen ist verboten, ebenso das Telefonieren ohne Freisprechanlage.
Die Autobahnnutzung ist gebührenpflichtig. In Slowenien benötigt man eine Vignette (Mindestgültigkeit 7 Tage), in Kroatien erfolgt die Bezahlung bei Abfahrt von der Autobahn. An den Mautstellen können Sie mit Kreditkarte bezahlen; ansonsten werden neben Kuna auch Euro angenommen.
Die beiden nationalen Pannenhilfsdienste HAK (Kroatien) und AMZS (Slowenien)

WAS KOSTET WIE VIEL?

Wein	ab 1,80 Euro für ein Glas Wein
Imbiss	2,50 Euro für ein Stück Pizza
Edelfisch	45–70 Euro für ein Kilogramm
Liegestuhl	3,50–10 Euro Mietpreis pro Tag
Fahrrad	5 Euro Mietpreis pro Stunde
Benzin	um 1,35 Euro für 1 l Super bleifrei

sind 24 Stunden im Einsatz, Kroatien: *Tel. 19 87*; vom Mobiltelefon aus *Tel. +385 11 9 87*; Slowenien: *Tel. 19 87*; vom Mobiltelefon aus *Tel. +386 1 5 30 53 53*

CAMPING

Wildes Campen ist verboten, ebenso das Übernachten an Straßen, auf Park- oder Rastplätzen. Istrien und Kvarner sind Hochburgen des Campingtourismus mit großen Plätzen wie auch familiären, kleineren Anlagen. Die meisten sind vorbildlich modernisiert und wirken mit vielerlei Extras wie Miniclub, Aquapark, breitem Sportangebot, Restaurants und Diskotheken wie perfekte Ferienstädtchen. An einigen Orten kann man auch Apartments, Mobile Homes oder Bungalows mieten. FKK-Anhänger schätzen den hohen Standard der istrischen Naturistencamps. Eine Liste und Beschreibung der Campingplätze findet sich auf *www.camping.hr*. Auch in Istrien ist Glamping ein Trend, also Luxus-Camping: Übernachtet wird in gut ausgestatteten Großzelten mit Betten, z. B. in den Campinganlagen Mon Perin in Bale oder Lanterna in Poreč.

DIPLOMATISCHE VERTRETUNGEN

DEUTSCHE BOTSCHAFT
– *Ljubljana (Prešernova cesta 27 | Tel. 01 4 79 03 00)*
– *Zagreb (Ulica grada Vukovara 64 | Tel. 01 6 30 01 00)*

ÖSTERREICHISCHE BOTSCHAFT
– *Ljubljana (Prešernova cesta 23 | Tel. 01 4 79 07 00)*
– *Zagreb (Radnička cesta 80 | Zagreb-Tower | Tel. 01 4 88 10 50)*

SCHWEIZER BOTSCHAFT
– *Ljubljana (Trg Republike 3/VI | Tel. 01 2 00 86 40)*
– *Zagreb (Ul. Augusta Cesarca 10 | Tel. 01 4 87 88 00)*

EINREISE

Bürger der EU und der Schweiz benötigen für die Einreise nach Kroatien und Slowenien lediglich einen gültigen Personalausweis, Kinder einen eigenen Reisepass. Einträge im Pass der Eltern gelten seit einigen Jahren nicht mehr.

FÄHREN

Da für die Regionalfähren zwischen dem Festland und den Inseln keine Platzreservierung möglich ist, sollten Autofahrer sich rechtzeitig vor Abfahrt einfinden. In der Hochsaison verkehren die meisten Fährschiffe im Shuttledienst; dennoch ist mit teils stundenlangen Wartezeiten zu rechnen. Aktuelle Infos über die Abfahrtszeiten unter *www.jadrolinija.hr*, *www.rapska-plovidba.hr* (Fähren Festland–Rab und Rab–Pag) und *www.krilo.hr* (Fähre Mali Lošinj–Cres–Rijeka). Achtung: Einige Linien gibt es nur in den Sommermonaten!

PRAKTISCHE HINWEISE

FAHRRÄDER

In die Pedale treten mit einem gemieteten Fahrrad oder E-Bike ist in den größeren Urlaubsorten kein Problem. Keinen Saft mehr? Ladestationen gibt es hier: *de.chargemap.com*. Die offiziellen Bike-Websites helfen mit Touren, GPS-Tracks und Adressen: *www.istria-bike.com, www.istria-trails.com*.

GELD & KREDITKARTEN

In Kroatien zahlt man mit dem Kuna. Slowenien hat den Euro als Währung. Es gibt keine einheitlich geregelten Öffnungszeiten, häufig sind die Banken *Mo–Fr 7–18, Sa 8–12 Uhr* (Kroatien) bzw. *Mo–Fr 8.30–12.30 und 14–16.30, Sa 8.30–12 Uhr* (Slowenien) geöffnet. In den Touristenorten finden Sie Geldautomaten, an denen Sie Bargeld per EC-Karte abheben können. Alle gängigen Kreditkarten werden in vielen Hotels, Restaurants, Geschäften und Tankstellen akzeptiert. Die zentrale Nummer für Kreditkartensperrung lautet *Tel. 0049 116 116*.

Geldumtausch in Kroatien ist in Wechselstuben oftmals am günstigsten. Bei größeren Summen lohnt ein Preisvergleich der Gebühren.

GESUNDHEIT

Es gibt überall Apotheken und Deutsch oder Englisch sprechende Ärzte. Die Adressen erfahren Sie in Ihrem Hotel, bei den örtlichen Vertretern der Reiseveranstalter oder in den Büros der Touristenverbände. In Slowenien und Kroatien wird die europäische Krankenversicherungskarte akzeptiert, sodass die Behandlung kostenlos erfolgt oder sofort nach der Rückkehr erstattet werden kann. Besondere Gesundheitsrisiken bestehen weder im slowenischen noch im kroatischen Küstenraum. Unangenehme Folgen kann es allerdings haben, falls Sie im Meer ungeschützt auf einen Seeigel treten; wenn die Stacheln nicht vollständig entfernt werden, verursachen sie schmerzhafte Entzündungen (unbedingt Arzt oder eine Ambulanz aufsuchen). Beste Vorbeugung sind Badeschuhe.

WÄHRUNGSRECHNER

€	HRK	HRK	€
1	7,44	10	1,34
2	14,88	20	2,69
3	22,32	25	3,36
5	37,21	30	4,03
7	52,09	50	6,72
10	74,41	75	10,08
15	111,62	100	13,44
25	186,03	300	40,32
75	558,10	600	80,63

HAUSTIERE

Hunde benötigen bei der Einreise nach Kroatien eine Tollwutimpfung und einen Transponder (bzw. Tätowierung). Die Vierbeiner dürfen nur an eigens ausgewiesene Strände. Beliebt ist *Monty's Dog Beach* und die Bar in Crikvenica, wo es sogar Hundebier gibt *(www.monty.hr)*. Infos über tierfreundliche Unterkünfte, Hundesalons und Co. im Kvarner finden Sie hier: *kvarner-petfriendly.weebly.com*

INTERNETZUGANG & WLAN

In vielen Ferienorten und größeren Städten sind der Hauptplatz oder der gesamte Innenstadtbereich mit WLAN-Zugang ausgestattet *(oft als WIFI-Zone markiert)*. Drahtlosen Internetzugang gibt es an der Küste auch in allen ACI-Marinas.

LINIENBUSSE

Das Linienbusnetz im Nah- und Fernbereich der Küste und zu den Kvarner-Inseln ist gut ausgebaut. Die größtenteils modernen Busse verkehren regelmäßig und häufig, die Fahrpreise sind niedrig. An Wochenenden sind die Busverbindungen deutlich ausgedünnt. Busse sind eine gute Alternative für Ausflüge ohne Parkplatzproblem. *www.autotrans.hr*

NOTRUFE

KROATIEN
Euronotruf (Tel. 112)
Pannennotdienst (Tel. 1987)
SLOWENIEN
Euronotruf (Tel. 112)
Pannennotdienst (Tel. 1987)
ADAC-Notruf in Zagreb (deutschsprachig, ist auch für Slowenien zuständig | Tel. 00385 13 44 06 66)

STRÄNDE

Über 70 Strände in Istrien und Kvarner tragen das 🌿 Ökolabel Blaue Flagge *(www.blueflag.org)*. Damit werden hohe Umweltstandards wie etwa das saubere Meer ausgezeichnet. Die meisten Strände in Istrien bestehen aus Fels oder grobem Kies – Badeschuhe unbedingt einpacken. Bei Familien mit Kleinkindern sind die Sandstrände Bijeca in Medulin und bei Lopar (Rab) beliebt. Das Inselchen Susak hat einen Sanddünenstrand. Versteckte Sand-, Kies- und Felsbuchten locken im unter Naturschutz stehenden Kap Kamenjak, an Istriens Südspitze. Feinen Kies, ebenfalls flach abfallend, gibt es von Crikvenica bis Novi Vinodolski und einen Fast-schon-Sandstrand bei Baška auf Krk. Strände in Kroatien sind öffentlich, selbst neben Luxushotel-Liegen breiten die Kroaten ihre Handtücher aus.

ÖFFNUNGSZEITEN

Im Sommer haben fast alle Restaurants täglich geöffnet, nur einige Spitzenlokale haben Ruhetage. Die meisten Geschäfte sind in den Tourismuszentren *tgl. 7–12 und 16–20 Uhr* geöffnet, in den Städten meist *Mo–Fr 8–19, Sa 8–13 Uhr*.

POST

Öffnungszeiten der Postämter: Kroatien: *Mo–Fr 7–19, Sa 8–13 Uhr;* Slowenien: *Mo–Fr 8–18, Sa 8–12 Uhr*. Das Porto für eine Postkarte ins europäische Ausland beträgt in Kroatien 5,80 Kuna, in Slowenien 56 Cent.

REISEZEIT

Die Hauptsaison mit den höchsten Preisen in den Hotels und Restaurants fällt in die Ferienmonate Juli und August. Die schönsten Reisezeiten sind jedoch Mitte Mai bis Ende Juni, wenn alles blüht, und September/Oktober, wenn die Sommerhitze abklingt, die Adria aber noch gute Badetemperaturen aufweist. Preisnachlässe gibt es außerhalb der Hochsaison (Mitte Juli bis Ende August). Beliebte Winterdomizile sind die klimatisch begünstigten Seebäder Opatija und Portorož sowie die Inseln Lošinj und Rab. Über Wetter und Wassertemperaturen informieren *www.wetteronline.de* und *www.wetter.com*.

TELEFON & HANDY

Roaming-Gebühren sind in den beiden EU-Ländern Slowenien und Kroatien kein Thema mehr – zumindest nicht für EU-Handynutzer. Wer kein Mobiltelefon dabei hat, bekommt am Kiosk eine Telefonkarte *(telefonska kartica)*. Vorwahlen: *Kroatien 00385, Slowenien 00386,*

PRAKTISCHE HINWEISE

Deutschland 0049, Österreich 0043, Schweiz 0041.

TRINKGELD

In Kroatien wie Slowenien gilt wie in den meisten anderen europäischen Ländern: Guten Service sollten Sie auch angemessen honorieren, im Restaurant sind etwa fünf bis zehn Prozent des Rechnungsbetrags angemessen.

UNTERKUNFT

In den vergangenen Jahren aufwendig renovierte Hotels und Apartmentanlagen in Slowenien und Kroatien bieten Unterkunft für jeden Geschmack und Geldbeutel. Wer lieber individuell wohnt, kommt bei den vielen Privatvermietern in Gästezimmern oder Ferienwohnungen unter. Viele historische Bauernhöfe, *stancije* genannt, wurden in einfache oder auch luxuriöse Landhäuser mit istrischem Toskanaflair umgewandelt. Die einschlägigen Onlineportale wie *www.booking.com* oder *www.airbnb.com* vermitteln Unterkünfte.

ZOLL

Bei Ein- und Ausreise innerhalb der EU gelten die üblichen Freimengen, u. a. 90 l Wein, 10 l Spirituosen, 800 Zigaretten. Kroatien ist aber vorläufig von dieser Regelung ausgenommen, was die Ausfuhr von Zigaretten betrifft. Noch ist die Höchstmenge auf 300 Zigaretten beschränkt. Für Schweizer gelten bei der Einfuhr geringere als die EU-Mengen.

WETTER IN PULA

	Jan.	Feb.	März	April	Mai	Juni	Juli	Aug.	Sept.	Okt.	Nov.	Dez.
Tagestemperaturen in °C	8	9	12	16	21	25	28	28	24	19	14	10
Nachttemperaturen in °C	2	2	5	8	12	16	18	18	15	11	7	3
Sonnenschein Stunden/Tag	3	4	5	7	8	10	11	10	8	6	3	3
Niederschlag Tage/Monat	7	6	7	6	7	5	4	4	5	7	9	8
Wassertemperaturen in °C	11	10	11	13	17	21	23	24	22	19	16	13

SPRACHFÜHRER KROATISCH

AUSSPRACHE

Das Kroatische wird in der Regel so ausgesprochen, wie es geschrieben wird. Besonderheiten:

- č   tsch wie in Tscheche
- ć   zwischen tch und tsch wie in Hütchen
- š   stimmloses sch wie in schön
- ž   wie j in Journal

Alle Vokale sind offen und müssen immer deutlich ausgesprochen werden.
Bei Vokalverbindungen ist jeder einzelne Vokal hörbar: reuma = re-u-ma.
Das Silben bildende r muss ebenfalls deutlich ausgesprochen werden: vrba, Krk.
Konsonanten haben immer die gleiche Aussprache: led – Eis (d, nicht t), bog – Gott (g, nicht k).
Zweisilbige Wörter werden auf der ersten Silbe betont.

Abkürzung: f = weibliche Sprecherin

AUF EINEN BLICK

ja/nein/vielleicht	da/ne/možda
bitte/danke	molim/hvala
Entschuldige!/Entschuldigen Sie!	Oprostite molim!/Oprostite molim vas!
Darf ich …?/Wie bitte?	Smijem li …?/Molim?
Ich möchte …/Haben Sie …?	Htio (f: Htjela) bih …/Imate li …?
Wie viel kostet …?	Koliko košta …?
Das gefällt mir (nicht)./gut/schlecht	To mi se (ne) dopada./dobro/loše
kaputt/funktioniert nicht	pokvaren/ne funkcionira
zu viel/viel/wenig/alles/nichts	previše/puno/malo/sve/ništa
Hilfe!/Achtung!/Vorsicht!	Pomoć!/Upozorenje!/Oprez!
Krankenwagen/Polizei/Feuerwehr	vozilo za hitnu pomoć/policija/vatrogasci
Verbot/verboten/Gefahr/gefährlich	zabrana/zabranjeno/opasnost/opasno

BEGRÜSSUNG & ABSCHIED

Guten Morgen!/Tag!	Dobro jutro!/Dobar dan!
Gute(n) Abend!/Nacht!	Dobra večer!/Laku noć!
Hallo!/Auf Wiedersehen!	Bok! (halo)/Do viđnja!
Tschüss!	Bok! (Čao!)

Govoriš li hrvatski?

„Sprichst du Kroatisch?" Dieser Sprachführer hilft Ihnen,
die wichtigsten Wörter und Sätze auf Kroatisch zu sagen

Ich heiße ...	Ime mi je...
Wie heißen Sie?	Kako se vi zovete? (Kako Vam je ime?)
Wie heißt Du?	Kako se ti zoveš?
Ich komme aus ...	Dolazim iz ...

DATUMS- & ZEITANGABEN

Montag/Dienstag/Mittwoch	ponedjeljak/utorak/srijeda
Donnerstag/Freitag/Samstag	četvrtak/petak/subota
Werktag/Sonntag/Feiertag	radni dan/nedjelja/praznik
heute/morgen/gestern	danas/sutra/jučer
Stunde/Minute	sat/minuta
Tag/Nacht/Woche/Monat/Jahr	dan/noć/tjedan/mjesec/godina
Wie viel Uhr ist es?	Koliko je sati?
Es ist drei Uhr./Es ist halb vier.	Sad je tri sata./Sad je pola četiri.

UNTERWEGS

offen/geschlossen	otvoreno/zatvoreno
Eingang/Einfahrt/Ausgang/Ausfahrt	ulaz/prolaz/izlaz/prolaz
Abfahrt/Abflug/Ankunft	odlazak/odletište/dolazak
Toiletten/Damen/Herren	toalet/ženski/muški
(kein) Trinkwasser	(ne) pitka voda
Wo ist ...?/Wo sind ...?	Gdje je ...?/Gdje su ...?
links/rechts/geradeaus/zurück	ljevo/desno/ravno/natrag
nah/weit	blizu/daleko
Bus/Straßenbahn/Taxi/Haltestelle	autobus/tramvaj/taxi (taksi)/stajalište
Parkplatz/Parkhaus	parkiralište/podzemna garaža
Stadtplan/(Land-)Karte	plan grada/zemljopisna karta
Bahnhof/Hafen/Flughafen	kolodvor/luka/zračna luka
Fahrplan/Fahrschein/Zuschlag	vozni red/vozna karta/doplatak
einfach/hin und zurück	jednosmjerno/tamo i natrag
Zug/Gleis/Bahnsteig	vlak/peron/željeznički peron
Ich möchte ... mieten.	Želim unajmiti ...
ein Auto/ein Fahrrad/ein Boot	auto/bicikl/brodić
Tankstelle	benzinska postaja
Benzin/Diesel/Panne/Werkstatt	benzin/dizel/nezgoda/radionica

ESSEN & TRINKEN

Reservieren Sie uns bitte für heute Abend einen Tisch für vier Personen.	Molim rezervirajte nam za večeras jedan stol za četiri osobe.

auf der Terrasse/am Fenster	na terasi/uz prozor
Die Speisekarte, bitte.	Molim donesite jelovnik.
Könnte ich bitte ... haben?	Mogu li dobiti ...?
Flasche/Karaffe/Glas	bocu (flašu)/karafu/čašu
Messer/Gabel/Löffel	nož/vilicu/žlicu
Salz/Pfeffer/Zucker/Essig/Öl	sol/papar/šećer/ocat/ulje
Milch/Sahne/Zitrone	mljeko/vrhnje/limun (citronu)
kalt/versalzen/nicht gar	hladno/presoljeno/nedopečeno
(Wasser) mit/ohne Kohlensäure	gaziranu/negaziranu (vodu)
Vegetarier(in)/Allergie	vegetarijanac(ci)/alergičar(i)
Ich möchte zahlen, bitte.	Želim platiti, molim.
Rechnung, Quittung/Trinkgeld	račun/napojnica

EINKAUFEN

Wo finde ich ...?	Gdje mogu naći ...?
Ich möchte .../Ich suche ...	Želim .../Tražim ...
Brennen Sie Fotos auf CD?	Možete li spržiti fotografije na CD?
Apotheke/Drogerie/Bäckerei/Markt	ljekarna/drogerija/pekarnica/tržnica
Einkaufszentrum/Kaufhaus	trgovački centar/robna kuća
Lebensmittelgeschäft/Supermarkt	trgovina sa namirnicama/supermarket
Fotoartikel/Zeitungsladen/Kiosk	fotoartikli/novinarnica/kiosk
100 Gramm/1 Kilo	sto grama/jedan kilo
teuer/billig/Preis	skupo/jeftino/cijena
mehr/weniger	manje/više
aus biologischem Anbau	ekološki/organski/biološki uzgoj

ÜBERNACHTEN

Ich habe ein Zimmer reserviert.	Imam jednu sobu rezerviranu. (Rezervirao (rezervirala) sam sobu.)
Haben Sie noch ...?	Imate li još ...?
Einzelzimmer/Doppelzimmer	jednokrevetnu sobu/dvokrevetnu sobu
Frühstück/Halbpension/Vollpension	doručak/polupansion/puni pansion
nach vorne/zum Meer/zum See	prema naprijed/prema moru/prema jezeru
Dusche/Bad/Balkon/Terrasse	tuš/kadu/balkon/terasu
Schlüssel/Zimmerkarte	ključ/karticu za sobu
Gepäck/Koffer/Tasche	prtljagu/kovčeg/torbu (tašnu)

BANKEN & GELD

Bank/Geldautomat	banka/bankomat
Geheimzahl	broj pina
Ich möchte ... Euro wechseln.	Želim promijeniti ... eure.
bar/ec-Karte/Kreditkarte	gotovina/ec kartica/kreditna kartica
Banknote/Münze/Wechselgeld	papirni novac/kovanice/povratni novac

SPRACHFÜHRER

GESUNDHEIT

Arzt/Zahnarzt/Kinderarzt	liječnik/zubar/dječji liječnik
Krankenhaus/Notfallpraxis	bolnica/hitna služba
Fieber/Schmerzen/entzündet/verletzt	temperatura/bolovi/upala/povreda
Durchfall/Übelkeit/Sonnenbrand	proljev/povraćanje/sunčane opekotine
Pflaster/Verband/Salbe/Creme	flaster/zavoj/mast/krema
Schmerzmittel/Tablette/Zäpfchen	sredstvo protiv bolova/tablete/čepić

TELEKOMMUNIKATION & MEDIEN

Briefmarke	marka za pismo/poštanska markica
Ich suche eine Prepaidkarte für mein Handy.	Trebam pokretnu/prepaid karticu za moj mobilni telefon.
Wo finde ich einen Internetzugang?	Gdje mogu naći internet kafe?
Brauche ich eine spezielle Vorwahl?	Trebam li posebni pozivni broj?
wählen/Verbindung/besetzt	birati/spojeno/zauzeto
Steckdose/Adapter/Ladegerät	utičnica/adapter-prilagođač/punjać
Computer/Batterie/Akku	kompjuter/baterija/akumulator
Internetadresse (URL)/E-Mail-Adresse	adresa na internetu/E-mail adresa
Internetanschluss/WLAN	WLAN (bežični internet)
E-Mail/Datei/ausdrucken	E-mail/poštu/ispisati

FREIZEIT, SPORT & STRAND

Strand/Sonnenschirm/Liegestuhl	plaža/suncobran/ležaljka
Ebbe/Flut/Strömung	oseka/plima/struja
Seilbahn/Sessellift	uspinjaća/lift
(Schutz-)Hütte/Lawine	(zaštita) sklonište/lavina

ZAHLEN

0	nula	14	četrnaest
1	jedan	15	petnaest
2	dva	16	šesnaest
3	tri	17	sedamnaest
4	četiri	18	osamnaest
5	pet	19	devetnaest
6	šest	70	sedamdeset
7	sedam	90	devedeset
8	osam	100	sto
9	devet	200	dvjesto
10	deset	1000	tisuću
11	jedanaest	2000	dvije tisuće
12	dvanaest	½	jedna polovina (pola)
13	trinaest	¼	jedna četvrtina (četvrt)

REISEATLAS

▬ Verlauf der Erlebnistour „Perfekt im Überblick"
▬ Verlauf der Erlebnistouren

Der Gesamtverlauf aller Touren ist auch in der herausnehmbaren Faltkarte eingetragen

Bild: Hafenstädtchen Bakar nahe Rijeka

Unterwegs an der Kroatischen Küste

Die Seiteneinteilung für den Reiseatlas finden Sie auf dem hinteren Umschlag dieses Reiseführers

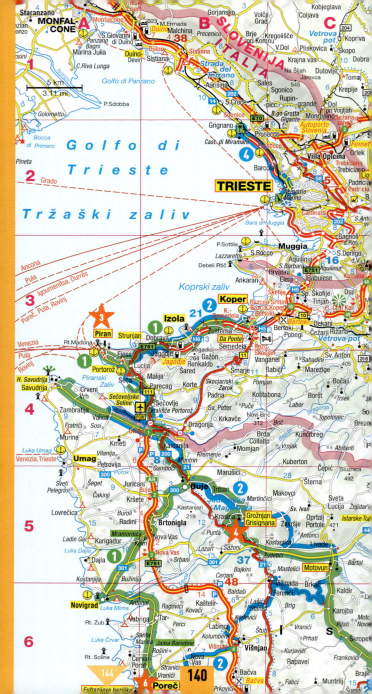

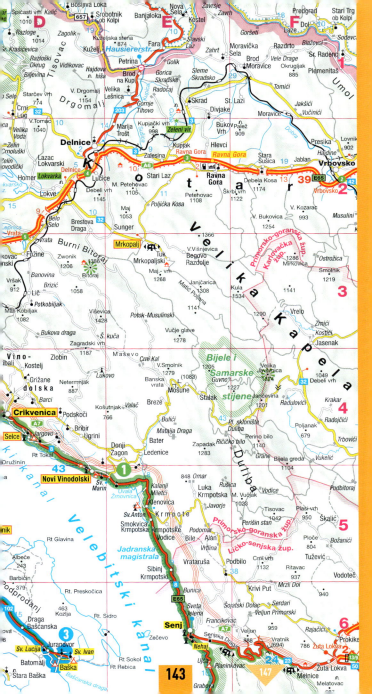

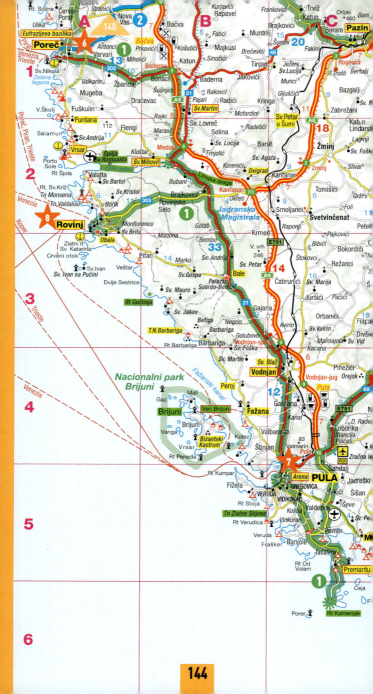

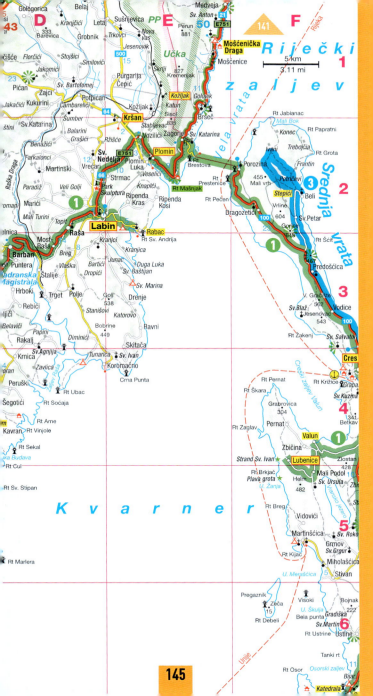

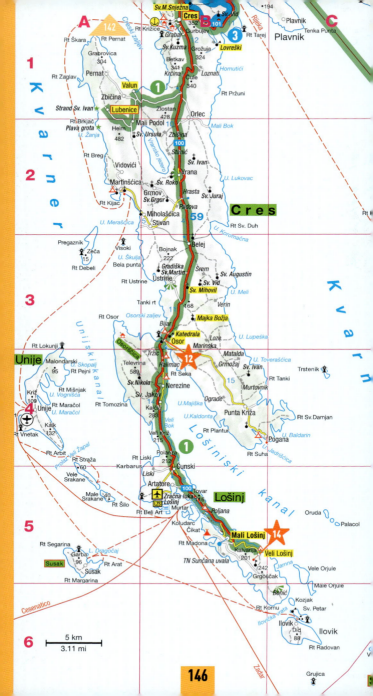

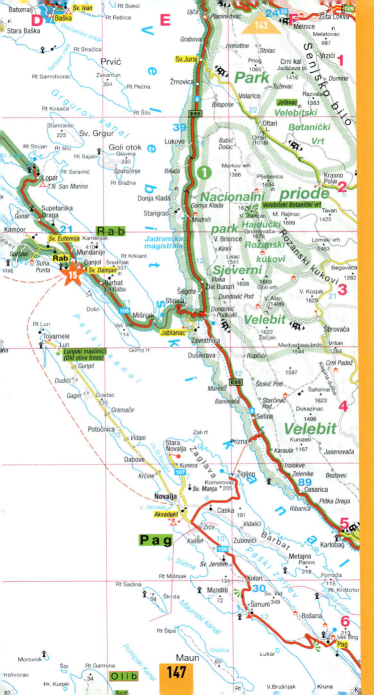

KARTENLEGENDE

Autobahn mit Anschlussstelle und Anschlussnummern		Motorway with junction and junction number
Autobahn in Bau mit voraussichtlichem Fertigstellungsdatum		Motorway under construction with expected date of opening
Rasthaus mit Übernachtung · Raststätte		Hotel, motel · Restaurant
Kiosk · Tankstelle		Snackbar · Filling-station
Autohof · Parkplatz mit WC		Truckstop · Parking place with WC
Autobahn-Gebührenstelle		Toll station
Autobahnähnliche Schnellstraße		Dual carriageway with motorway characteristics
Fernverkehrsstraße		Trunk road
Verbindungsstraße		Main road
Nebenstraßen		Secondary roads
Fahrweg · Fußweg		Carriageway · Footpath
Gebührenpflichtige Straße		Toll road
Straße für Kraftfahrzeuge gesperrt		Road closed for motor vehicles
Straße für Wohnanhänger gesperrt		Road closed for caravans
Straße für Wohnanhänger nicht empfehlenswert		Road not recommended for caravans
Autofähre · Autozug-Terminal		Car ferry · Autorail station
Hauptbahn · Bahnhof · Tunnel		Main line railway · Station · Tunnel
Besonders sehenswertes kulturelles Objekt		Cultural site of particular interest
Besonders sehenswertes landschaftliches Objekt		Landscape of particular interest
MARCO POLO Erlebnistour 1		MARCO POLO Discovery Tour 1
MARCO POLO Erlebnistouren		MARCO POLO Discovery Tours
MARCO POLO Highlight		MARCO POLO Highlight
Landschaftlich schöne Strecke		Route with beautiful scenery
Touristenstraße		Tourist route
Museumseisenbahn		Tourist train
Kirche, Kapelle · Kirchenruine Kloster · Klosterruine		Church, chapel · Church ruin Monastery · Monastery ruin
Schloss, Burg · Burgruine Turm · Funk-, Fernsehturm		Palace, castle · Castle ruin Tower · Radio or TV tower
Leuchtturm · Windmühle Denkmal · Soldatenfriedhof		Lighthouse · Windmill Monument · Military cemetery
Ruine, frühgeschichtliche Stätte · Höhle Hotel, Gasthaus, Berghütte · Heilbad		Archaeological excavation, ruins · Cave Hotel, inn, refuge · Spa
Campingplatz · Jugendherberge Schwimmbad, Erlebnisbad, Strandbad · Golfplatz		Camping site · Youth hostel Swimming pool, leisure pool, beach · Golf-course
Botanischer Garten, sehenswerter Park · Zoologischer Garten		Botanical gardens, interesting park · Zoological garden
Bedeutendes Bauwerk · Bedeutendes Areal		Important building · Important area
Verkehrsflughafen · Regionalflughafen		Airport · Regional airport
Flugplatz · Segelflugplatz		Airfield · Gliding site
Boots- und Jachthafen		Marina

FÜR IHRE NÄCHSTE REISE ...

ALLE **MARCO POLO** REISEFÜHRER

DEUTSCHLAND
Allgäu
Bayerischer Wald
Berlin
Bodensee
Chiemgau/
Berchtesgadener
Land
Dresden/
Sächsische Schweiz
Düsseldorf
Eifel
Erzgebirge/
Vogtland
Föhr & Amrum
Franken
Frankfurt
Hamburg
Harz
Heidelberg
Köln
Lausitz/Spreewald/
Zittauer Gebirge
Leipzig
Lüneburger Heide/
Wendland
Mecklenburgische
Seenplatte
Mosel
München
Nordseeküste
Schleswig-Holstein
Oberbayern
Ostfriesische Inseln
Ostfriesland/Nordseeküste Niedersachsen/Helgoland
Ostseeküste
Mecklenburg-
Vorpommern
Ostseeküste
Schleswig-Holstein
Pfalz
Potsdam
Rheingau/
Wiesbaden
Rügen/Hiddensee/
Stralsund
Ruhrgebiet
Schwarzwald
Stuttgart
Sylt
Thüringen
Usedom
Weimar

ÖSTERREICH
SCHWEIZ
Kärnten
Österreich
Salzburger Land
Schweiz
Steiermark
Tessin
Tirol
Wien
Zürich

FRANKREICH
Bretagne
Burgund
Côte d'Azur/
Monaco
Elsass
Frankreich
Französische
Atlantikküste
Korsika
Languedoc-
Roussillon
Loire-Tal
Nizza/Antibes/
Cannes/Monaco
Normandie
Paris
Provence

ITALIEN
MALTA
Apulien
Dolomiten
Elba/Toskanischer
Archipel
Emilia-Romagna
Florenz
Gardasee
Golf von Neapel
Ischia
Italien
Italienische Adria
Italien Nord
Italien Süd
Kalabrien
Ligurien/
Cinque Terre
Mailand/
Lombardei
Malta & Gozo
Oberital. Seen
Piemont/Turin
Rom
Sardinien
Sizilien
Liparische Inseln
Südtirol
Toskana
Venedig
Venetien & Friaul

SPANIEN
PORTUGAL
Algarve
Andalusien
Azoren
Barcelona
Baskenland/
Bilbao
Costa Blanca
Costa Brava
Costa del Sol/
Granada
Fuerteventura
Gran Canaria
Ibiza/Formentera
Jakobsweg
Spanien
La Gomera/
El Hierro
Lanzarote
La Palma
Lissabon
Madeira
Madrid
Mallorca
Menorca
Portugal
Spanien
Teneriffa

NORDEUROPA
Bornholm
Dänemark
Finnland
Island
Kopenhagen
Norwegen
Oslo
Schweden
Stockholm
Südschweden

WESTEUROPA
BENELUX
Amsterdam
Brüssel
Cornwall & Devon
Dublin
Edinburgh
England
Flandern
Irland
Kanalinseln
London
Luxemburg
Niederlande
Niederländische
Küste
Oxford
Schottland
Südengland

OSTEUROPA
Baltikum
Budapest
Danzig
Krakau
Masurische Seen
Moskau
Plattensee
Polen
Polnische
Ostseeküste/
Danzig
Prag
Slowakei
St. Petersburg
Tallinn
Tschechien
Ungarn
Warschau

SÜDOSTEUROPA
Bulgarien
Bulgarische
Schwarzmeerküste
Kroatische Küste
Dalmatien
Kroatische Küste
Istrien/Kvarner
Montenegro
Rumänien
Slowenien

GRIECHENLAND
TÜRKEI
ZYPERN
Athen
Chalkidiki/
Thessaloniki
Griechenland
Festland
Griechische Inseln/
Agais
Istanbul
Korfu
Kos
Kreta
Peloponnes
Rhodos
Sámos
Santorin
Türkei
Türkische Südküste
Türkische Westküste
Zákinthos/Itháki/
Kefalloniá/Léfkas
Zypern

NORDAMERIKA
Chicago und
die Großen Seen
Florida
Hawai'i
Kalifornien
Kanada
Kanada Ost
Kanada West
Las Vegas
Los Angeles
New York
San Francisco
USA
USA Ost
USA Südstaaten/
New Orleans
USA Südwest
USA West
Washington D.C.

MITTEL- UND
SÜDAMERIKA
Argentinien
Brasilien
Chile
Costa Rica
Dominikanische
Republik
Jamaika
Karibik/
Große Antillen
Karibik/
Kleine Antillen
Kuba
Mexiko
Peru & Bolivien
Yucatán

AFRIKA UND
VORDERER
ORIENT
Ägypten
Djerba/
Südtunesien
Dubai
Iran
Israel
Jordanien
Kapstadt/
Wine Lands/
Garden Route
Kapverdische
Inseln
Kenia
Marokko
Marrakesch
Namibia
Oman
Rotes Meer & Sinai
Südafrika
Tansania/Sansibar
Tunesien
Vereinigte
Arabische Emirate

ASIEN
Bali/Lombok/Gilis
Bangkok
China
Hongkong/Macau
Indien
Indien/Der Süden
Japan
Kambodscha
Ko Samui/
Ko Phangan
Krabi/
Ko Phi Phi/
Ko Lanta/Ko Jum
Malaysia
Myanmar
Nepal
Peking
Philippinen
Phuket
Shanghai
Singapur
Sri Lanka
Thailand
Tokio
Vietnam

INDISCHER OZEAN
UND PAZIFIK
Australien
Malediven
Mauritius
Neuseeland
Seychellen

Viele MARCO POLO Reiseführer gibt es auch als eBook – und es kommen ständig neue dazu!
Checken Sie das aktuelle Angebot einfach auf: www.marcopolo.de/e-books

REGISTER

In diesem Register finden Sie alle Orte, Sehenswürdigkeiten, Ausflugsziele sowie einige Stichworte aufgeführt. Gefettete Seitenzahlen verweisen auf den Haupteintrag.

Amphitheater Pula 40, **56**, 124
Bakar 24, 138
Bale **65**, 130
Banjole 59
Barban 124
Baredine, Höhlen **122**
Baška **84**, 87, 109, 111, 118, 132
Bele Skale 38
Beli **81**, 96, 109, 111, 118
Beram **51**
Bijela Vodica 79, 123
Brestova 103
Brijuni-Inseln, Nationalpark **58**
Buje 107
Buzet 31, **42**, 117, 125
Ćićarija, Gebirge 44
Čikat, Bucht 91, 92, 119, 120
Cres, Insel 14, 15, 18, **80**, 96, 103, 109, 118, 130
Cres, Stadt **82**, 87, 103
Crikvenica 24, **66**, 104, 120, 131, 132
Crveni Otok, Insel 123
Dobrec 125
Donje 93
Dramalj 67
Dreifaltigkeitskirche Hrastovlje **36**
Dvigrad **65**, 118
Euphrasius-Basilika **53**, 124
Fažana **59**
Fiume 40
Frankopanen 15, 24, 69, 77, 84
Frkanj 23
Funtana **55**
Glagolitische Allee 45
Glagoliza 85, 109
Glavotok 117, 123
Gornje Selo 93
Gorski kotar, Gebirge 22, 66, 79
Grožnjan **49**, 105, 107, 124
Höhle Mramornica **50**
Höhlen von Baredine **122**
Höhlen von St. Kazian (Škocjanske Jame) **37**
Hrastovlje, Dreifaltigkeitskirche **36**
Hrvatsko 79
Hum **45**, 105, 124
Ičići **71**
Ika **71**
Ilovik, Insel 93, 123
Ipši 18
Istarske Toplice 117
Istralandia (Aquapark) **123**
Izola **32**, 38, 106, 121
Jurandvor 85
Kačjak, Halbinsel 68
Kalifront, Halbinsel 99, 104
Kamenjak, Berg 99
Kamenjak, Halbinsel **59**, 117, 122
Kap Kamenjak 132
Kap Savudrija 50, 105, 119
Kastav **76**
Koper 32, **36**, 101, 106, 128
Košljun, Klosterinsel **88**, 111, 124

Kraljevica 90
Krk, Insel 29, 67, 80, **84**, 96, 109, 117, 118, 120, 123, 124, 125, 128, 132
Krk, Stadt 24, **86**, 104, 109
Kupa-Quelle 79
Kupari 79
Labin **60**, 102, 124
Lim-Kanal **54**, 102, 117, 118
Lipica 116
Lipica, Gestüt **37**, 118, **121**
Livade **47**, 108, 125
Ljubljana 15, 128
Lopar **97**, 99, 104, 120, 132
Lošinj, Insel 15, 80, **90**, 104, 119, 120, 123, 132
Lovran 16, 66, **70**, 124, 125
Lubenice 18, **83**, 103
Lun, Halbinsel **94**
Lungomare, Franz-Joseph-Promenade 73
Mali Lošinj **91**, 104, 130
Malinska **87**
Martinšćica 84
Matavun 37
Medulin 14, **59**, 119, 122, 132
Medveja **71**
Mirna, Fluss 28, 47, 108
Mirnatal 44, **47**, 108
Mišnjak 99
Momjan 21, 22, 125
Moščenice **72**
Moščenička Draga 71, 72
Motovun 31, **45**, 105, 108, 124, 125
Mramornica, Höhle **50**
Nationalpark Brijuni-Inseln **58**
Nationalpark Risnjak 13, **79**, 123
Nationalpark Velebit 22, 94
Naturpark Sečovlje, Salinen 31, 32, 37, 39, 40, **41**, 102, 106, 119
Naturpark Učka 71, **72**, 118
Nehaj, Festung 69, 104
Nerezine **92**, 104
Njivice 88, 125
Nova Vas 28, 38, 122
Novalja 93, **94**
Novi Vinodolski 24, **69**, 124, 132
Novigrad 19, 28, **47**, 61, 102, 123
Opatija 66, 71, **73**, 105, 119, 124, 126, 129, 132
Osor **83**, 104
Osp 117
Pag, Insel 19, 28, 31, 80, **93**, 130
Pag, Stadt **95**
Parenzana, Schmalspurbahn **106**, 118, 120
Pazin **50**, 105
Pažincica, Fluss 52
Piran 16, 31, 32, **37**, 102, 128
Plavnik, Insel 88
Poreč 15, 42, **52**, 102, 108, 124, 125, 126, 128, 129, 130
Portorož 32, 38, **39**, 106, 120, 129, 132

Premantura 59, 117, 119
Prvić, Insel 85, 96
Pula 14, 15, **55**, 61, 102, 118, 121, 124, 126, 128
Punat 87, **88**, 104, 111
Punta Kampora, Strand 99
Rab 80
Rab, Insel 23, 80, **97**, 104, 120, 130, 132
Rab, Stadt **98**, 99, 104, 123
Rabac 42, **60**, 102
Ridimutak, Strand 92
Rijeka 16, 24, 30, 40, 63, 66, 72, **76**, 104, 124, 126, 128, 130
Risnjak, Nationalpark 13, **79**, 123
Roč **45**, 124
Rovenska, Strand 92
Rovinj 19, 26, 40, **62**, 102, 117, 124, 128
Rudine 88
Sabadin-Viadukt 108
Savudrija 18, **50**, 116
Schmalspurbahn Parenzana **106**, 118, 120
Sečovlje, Salinen, Naturpark 31, 32, 37, 39, 40, **41**, 102, 106, 119
Selce 67
Senj **69**, 104
Silba, Insel 123
Simonov Zaliv 35
Škocjan 9
Škocjanske Jame, Höhlen **37**
Soline, Bucht **86**
Špilja Biserujka **88**
St. Kazian, Höhlen (Škocjanske Jame) **37**
Stancija Kumparička **62**
Stara Baška **89**
Stara Novalja 96
Staza Tramuntana I. 82, 112
Stinica 104
Straße der Glagoliter 110
Strunjan, Salinen 37
Susak, Insel **93**, 123
Sv. Andrija, Insel 64
Sv. Blaž, Kirche 60
Sv. Katarina, Insel 64
Sv. Lucija, Kirche 85
Sv. Marija na Škriljinah, Kirche **51**
Sv. Nikola, Insel 54
Sv. Vid 88
Televrina, Berg 92
Tovarnele 97
Treskavac-Pass 110
Triest 15, 40, **112**, 128
Trsat, Festung 77
Učka, Naturpark 71, **72**, 118
Umag 19, **50**, 124, 128
Unije, Insel 93
Unterwasser-Lehrpfad Veli Brijun 118
Unterwasserpark Verudela **60**
Uskoken 65, 69, 104
Uvala Meli, Strand 84

IMPRESSUM

Valbiska 99
Valun **84**, 103
Vela Draga, Tal 72
Velebit, Gebirge, Nationalpark 22, 94
Veli Brijun, Insel 116
Veli Brijun, Unterwasser-Lehrpfad 118
Veli Hlam, Berg 85

Veli Lošinj 25, **92**, 104, 124
Veliki Risnjak, Berg 79
Veprinac 75
Viadukt Sabadin 108
Vižinada 108
Vodnjan 18, **60**, 125
Vojak, Berg 72
Volosko 72, **74**, 119

Volpija 106
Vranjska Draga 118
Vrbnik **89**, 104, 109
Vrsar **55**
Zagreb 16, 128
Zarečki Krov **52**
Žigljen 96
Zlatni Rt, Halbinsel 64, 117
Zrće, Strand 93, 94

SCHREIBEN SIE UNS!

Egal, was Ihnen Tolles im Urlaub begegnet oder Ihnen auf der Seele brennt, lassen Sie es uns wissen! Ob Lob, Kritik oder Ihr ganz persönlicher Tipp – die MARCO POLO Redaktion freut sich auf Ihre Infos.
Wir setzen alles dran, Ihnen möglichst aktuelle Informationen mit auf die Reise zu geben. Dennoch schleichen sich manchmal Fehler ein – trotz gründlicher Recherche unserer Autoren/innen. Sie haben sicherlich Verständnis, dass der Verlag dafür keine Haftung übernehmen kann.

MARCO POLO Redaktion
MAIRDUMONT
Postfach 31 51
73751 Ostfildern
info@marcopolo.de

IMPRESSUM
Titelbild: Rovinj, Hafen (Schapowalow/SIME: J. Huber)
Fotos: Corbis/JAI: A. Copson (66/67); Corbis/Xinhua Press: M. Lisanin (124); Damir & Ornella Restaurant (19 u.); R. Freyer (29, 30/31, 39, 85, 120/121, 124/125, 125, 126 o., 126 u., 129); Getty Images/Robert Harding: K. Thomas (20/21); Getty Images/Westend61 (3); R. Hackenberg (32/33, 36, 48/49, 138/139); huber-images: Cogoli (31, 119), F. Cogoli (59), G. Croppi (115), O. Fantuz (80/91), Gräfenhain (Klappe l., Klappe r., 4 u., 42/43, 44, 47, 75, 86, 90, 98), J. Huber (64, 82), S. Kremer (63), Mehlig (60), Pignatelli (41), Siebig (5), Stadler (7, 96/97), S. Surac (93); Laif: S. Bungert (107), P. Hirth (100/101), M. Kirchner (17), Kreuels (8), Th. Linkel (52), H. Madej (28 l., 30, 50, 77), Specht (10), Zanettini (11, 26/27, 70); Laif/REA: Guittot (78); Look: J. Bückers (116/117); Look/age fotostock (2); Look/TerraVista (55); Look/The Travel Library (56/57); mauritius images/age (110); mauritius images/Alamy (9, 18 u., 28 r., 73), E. Pozar (5, 25); mauritius images/Alamy/Stockimo: L. Elvey (22/23); mauritius images/ClickAlps (34); mauritius images/imagebroker: Lenz (89, 122), J. Puchinger (14/15), Siepmann (94/95); mauritius images/imagebroker/Movementway (127); mauritius images/Alamy (68); Schapowalow/SIME: J. Huber (1 o., 4 o., 12/13); Splashline Event- und Vermarktungs GmbH (19 o.); V. Wengert (1 u.); www.istria-gourmet.com: Goran Šebelić (18 o., 18 M.)

13., aktualisierte Auflage 2018
© MAIRDUMONT GmbH & Co. KG, Ostfildern
Chefredaktion: Marion Zorn
Autorin: Daniela Schetar, Bearbeiterin: Veronika Wengert, Redaktion: Nadia Al Kureischi
Verlagsredaktion: Lucas Forst-Gill, Susanne Heimburger, Tamara Hub, Johanna Jiranek, Nikolai Michaelis, Kristin Wittemann, Tim Wohlbold
Bildredaktion: Gabriele Forst
Im Trend: wunder media, München
Kartografie Reiseatlas und Faltkarte: © MAIRDUMONT, Ostfildern
Gestaltung Cover, S. 1, Faltkartencover: Karl Anders – Studio für Brand Profiling, Hamburg; Gestaltung innen: milchhof:atelier, Berlin; Gestaltung S. 2/3, Erlebnistouren: Susan Chaaban Dipl.-Des. (FH)
Sprachführer: in Zusammenarbeit mit Ernst Klett Sprachen GmbH, Stuttgart, Redaktion PONS Wörterbücher
Das Werk einschließlich aller seiner Teile ist urheberrechtlich geschützt. Jede urheberrechtsrelevante Verwertung ist ohne Zustimmung des Verlags unzulässig und strafbar. Das gilt insbesondere für Vervielfältigungen, Übersetzungen, Nachahmungen, Mikroverfilmungen und die Einspeicherung und Verarbeitung in elektronischen Systemen.
Printed in Italy

BLOSS NICHT

Folgende Risiken und Fettnäpfchen sollten Sie besser vermeiden

OFFENES FEUER IM FREIEN

In Kroatien und Slowenien herrscht im Sommer z. T. extrem erhöhte Waldbrandgefahr. An der kroatischen Küste wie auf den Inseln ist jede Art von offenem Feuer von Juni bis Okt. untersagt. Werfen Sie nie brennende bzw. glimmende Gegenstände oder Glas in die Umwelt. Entdecken Sie ein Feuer, melden Sie es umgehend über *Tel. 112!*

DIE BORA UNTERSCHÄTZEN

Glücklicherweise weht der gefürchtete Fallwind *Bora (*kroatisch *bura)* in den Sommermonaten nur selten; er treibt v. a. im Spätherbst und Winter sein Unwesen. Doch jeder Wassersportler sollte sich über die Wetterlage informieren, bevor er aufs Meer geht. Der Wind treibt die Wellen vom Land weg und macht es selbst größeren Booten schwer, gegen diesen Sog zu bestehen.

OHNE BADESCHUHE

Sie schmälern zwar das Vergnügen am Schwimmen, schützen Kinder- und Erwachsenenfüße dafür aber zuverlässig vor scharfkantigem Gestein und den heimtückischen Nadeln des Seeigels, die sich wie Widerhaken in die Haut bohren.

MIT DEM AUTO IN DIE STADT

In der Hauptsaison ist es fast unmöglich in den Zentren der Küstenorte einen Parkplatz zu finden. Parkverbote und -gebühren sollten Sie ernst nehmen, sonst drohen Wegfahrsperre oder gar Abschleppen! Am besten verzichten Sie auf das Auto und leihen sich ein Fahrrad oder E-Bike oder nutzen die Touristenbahnen, die zwischen Hotels und Zentrum verkehren. Häufig gibt's auch gute Busverbindungen; Fahrpläne haben Touristenbüros und Hotelrezeptionen.

STEINBOHRERMUSCHELN ESSEN

Die *datteri* genannten Muscheln sind vom Aussterben bedroht und stehen unter strengem Naturschutz. Trotzdem kommt es immer wieder vor, dass sie in Restaurants hinter vorgehaltener Hand angeboten werden. Keine Frage, dass man in diesem Fall ablehnt und lieber *kapešante,* Jakobsmuscheln, wählt.

POLITISCHE GESPRÄCHE FÜHREN

Ein Thema ist in Kroatien besonders delikat und bringt die sonst so freundlichen Kroaten schnell in Rage: die Verwicklung der kroatischen Seite in Kriegsverbrechen während der Balkankriege, als das Land in den 1990er-Jahren gegen die restjugoslawische Armee um seine Unabhängigkeit rang. Viele negieren die begangenen Gräuel oder sehen in ihnen Maßnahmen der legitimen Selbstverteidigung. Ex-Generäle, die im Ausland als Kriegsverbrecher gelten, werden in Kroatien schon mal als Volkshelden gefeiert – daran muss man sich gewöhnen. Wenn das Gespräch auf die Balkankriege kommt, hält man sich mit allzu kritischen Kommentaren besser zurück.